히구치 유미코의
자수 12개월

히구치 유미코 지음
황선영 옮김 | 문수연 감수

들어가며

천천히 흘러가는 계절을 음미하며 한 땀 한 땀 수를 놓고 있노라면
언제나 행복하고 가슴이 뜁니다.
풍성한 자연의 은혜에 감사하는 마음도 저절로 생기지요.

풀꽃과 채소, 새와 곤충, 눈과 별 등 인간을 비롯한 모든 자연이 느릿하게 순환합니다.
봄이면 싹이 트고, 여름엔 해변과 계곡마다 물놀이 인파의 웃음소리가 가득 차고,
가을엔 단풍이 물들고, 겨울이면 다시 평화가 깃드는….
이런 시간의 변화를 12개월이란 주제로 엮어보았습니다.
이 모든 것이 작은 바늘 한 땀에서 시작해 네 계절로 무르익었습니다.

이 책에서는 간단한 것부터 숙련과 끈기가 필요한 것까지 다양한 도안을 소개합니다.
자수를 이제 막 시작한 분이라면 도안 속에 포함된 모티프부터 도전해보세요.
수를 다 놓은 뒤 소품으로 활용해도 좋지만
패널에 붙여서 그림처럼 벽에 걸어보세요.

수를 놓는 순간만큼은
바느질하는 기쁨과 평온함을 오롯이 만끽하셨으면 좋겠습니다.

히구치 유미코

Contents

January

6 / 56　Camellia ver. 10 colors
　　　　동백 10색

7 / 57　Camellia
　　　　동백

8 / 58　Peacock feather
　　　　공작새 깃털

9 / 59　Snow flower
　　　　눈꽃

February

10 / 60　Skier
　　　　 스키어

11 / 61　Valentine heart
　　　　 발렌타인 하트

12 / 58　Sweet flower
　　　　 스위트 플라워

March

13 / 62　Mimosa
　　　　 미모사

14 / 62　Little flower
　　　　 작은 꽃 패턴

15 / 63　Narcissus garden
　　　　 수선화 뜰

April

16 / 64　Dandelion
　　　　 라이온 문장

17 / 65　Spring flower
　　　　 봄꽃 무늬

18 / 66　Garden
　　　　 가든

May

20 / 68　Lily of the valley
　　　　 은방울꽃

22 / 69　Insect and wreath
　　　　 곤충과 리스

23 / 70　Pteridophyte
　　　　 양치식물

June

24 / 71　Drop flower
　　　　 물방울 꽃무늬

25 / 72　June bride
　　　　 6월의 신부

26 / 71　Hydrangea
　　　　 수국

July

27 / 73   *Sand shell*
모래밭과 조개껍데기

28 / 74   *Swimmer*
스위머

30 / 75   *Sea wreath*
바다 리스

August

31 / 76   *Succulent*
다육식물

32 / 77   *Summer flower garden*
여름 꽃밭

33 / 78   *Tropical bird*
열대 새

September

34 / 79   *Butterfly*
나비

35 / 80   *Vegetable*
채소

36 / 81   *Leaf*
나뭇잎

October

38 / 82   *Seed*
씨앗 무늬

39 / 82   *Seed ver. 10 colors*
씨앗 무늬 10색

40 / 83   *Autumn pattern*
가을의 기하학무늬

41 / 79   *Halloween pumpkin*
할로윈 호박

November

42 / 84   *Deep forest*
깊은 숲

43 / 83   *Pomegranate tree*
석류나무

44 / 85   *Autumn tree*
가을 나무

December

45 / 86   *Christmas tree*
크리스마스트리

46 / 87   *Angel*
밤하늘 천사

48 / 87   *Falling star*
별똥별

How to make

50   *Tools*   도구

51   *Materials*   재료

52   스티치와 자수의 기본

55   패널 만드는 법

January

Camellia ver. 10 colors 동백 10색
Page.56

10색의 실로 수놓은 동백. 핑크색 계열로 정리해 화사하면서도 어른스러운 느낌을 준다. 1색 자수는 또 다른 표정이!

Camellia
동백
Page.57

Peacock feather
공작새 깃털
Page.58

Snow flower
눈꽃
Page.59

February

Skier
스키어
Page.60

10

Valentine heart
발렌타인 하트

Page.61

꽃과 새가 어우러진 하트. 발렌타인을 주제로 한 핑크 무늬이다. 아래엔 고양이 모습까지.

Sweet flower 스위트 플라워
Page.58

March

Mimosa
미모사
Page.62

Little flower
작은 꽃 패턴

Page.62

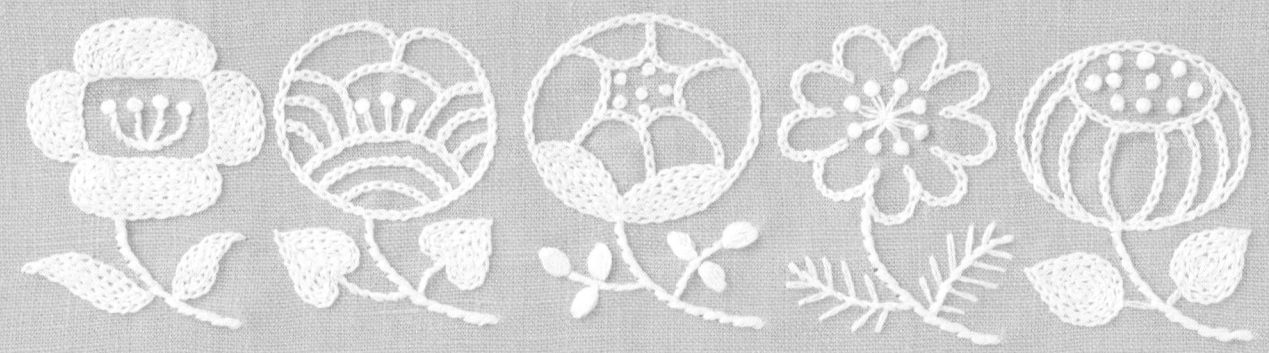

April

Dandelion
라이온 문장
Page.64

Spring flower
봄꽃 무늬
Page.65

봄바람에 흔들리듯 작은 꽃을 비스듬히 배치해놓았다. 엷고 고운 색이 작은 이미지와 잘 어울린다.

Garden
가든
Page.66

May

Lily of the valley
은방울꽃
Page.68

커다란 은방울꽃이 연속으로 수놓아진 도안. 가방처럼 사이즈가 큰 아이템에 연출해보자.

Insect and wreath   곤충과 리스
Page.69

Pteridophyte
양치식물
Page.70

June

Drop flower
물방울 꽃무늬

Page.71

June bride
6월의 신부
Page.72

Hydrangea 수국
Page.71

July

Sand shell
모래밭과 조개껍데기
Page.73

Swimmer
스위머
Page.74

풀장에서 헤엄치는 사람들. 그 속엔 인어도 끼여 있다. 여름 햇살도 조금은 시원하게 느껴지지 않을까.

Sea wreath
바다 리스
Page.75

August

Succulent

다육식물

Page.76

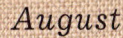

Summer flower garden
여름 꽃밭
Page.77

Tropical bird
열대 새
Page.78

큰 앵무새를 중심으로 열대 정글 이미지를 표현했다. 색감을 절제해 인테리어 소품으로도 매력적이다.

September

Butterfly
나비

Page. 79

Vegetable
채소
Page.80

Leaf
나뭇잎
Page.81

1색의 선으로만 표현하는 나뭇잎. 수놓기 쉬운 만큼 에이프런 같은 큰 면에 한가득 뿌려보자.

October

Seed 씨앗 무늬
Page.82

다양한 모양의 씨앗이 세로로 연달아 있는 무늬. 스커트 밑단이나 천 끝에 빙 돌려 수놓으면 정말 화사하다.

Seed
ver. 10 colors
씨앗 무늬 10색
Page.82

Halloween pumpkin
할로윈 호박
Page.79

November

Deep forest
깊은 숲
Page.84

Pomegranate tree 석류나무
Page.83

Autumn tree
가을 나무
Page.85

무화과나무를 연상시키는 이국적이면서 대담한 구도의 도안. 가을에 어울리는 짙은 붉은색 하나로 수놓았다.

December

Christmas tree
크리스마스트리
Page.86

Angel
밤하늘 천사
Page.87

원 포인트 자수로 모양낸 리넨 손수건. 계절에 어울리는 소소한 선물로 안성맞춤이다.

How to make

자수가 예쁘게 완성되도록 이 책에서 사용한 기본 스티치를 소개한다.
도안과 함께 인테리어로 활용할 수 있는 작품 패널 만드는 법도 소개한다.

Tools 도구

1. **초크지**
   도안을 천에 베낄 때 사용하는 복사지. 검은색처럼 짙은 색 천에는 흰색 초크지를 사용한다.

2. **투사지**
   도안을 베끼는 얇은 종이.

3. **셀로판**
   도안을 천에 베낄 때 투사지가 찢어지지 않도록 사용한다.

4. **트레이서**
   도안을 덧그려서 천에 베낄 때 사용하는 도구. 볼펜으로도 가능.

5. **송곳**
   자수를 수정할 때 사용하면 편리하다.

6. **재단 가위**
   날이 잘 드는 옷감 전용 가위를 준비한다.

7. **자수틀**
   천을 팽팽히 당기기 위한 틀. 크기는 도안 사이즈에 맞추는데, 지름 10cm 정도가 적당하다.

8. **실 꿰는 도구**
   바늘에 실을 꿸 때 편리한 도구.

9. **실 자르는 가위**
   끝이 뾰족하고 날이 얇은 가위가 좋다.

10. **바늘 & 핀 쿠션**
    끝이 뾰족한 프랑스 자수용 바늘을 사용한다. 25번 자수실의 가닥수에 따라 적합한 바늘을 준비한다(오른쪽 표).

Materials 재료

25번 자수실

가장 일반적인 25번 자수실을 사용한다. 제조사에 따라 색상과 번호가 달라지는데, 이 책에 사용된 실은 프랑스 DMC. 색상이 선명하고 매끄러운 질감이 특징이다. 자수실은 6가닥의 면사가 1가닥으로 느슨하게 꼬아져 있고 1묶음의 길이는 8m 정도이다.

실 가닥수에 따라 바늘 굵기를 정한다	
25번 자수실	자수바늘
6가닥	3·4호
3·4가닥	5·6호
1·2가닥	7~10호

*클로버 바늘 기준표. 천 두께에 따라서도 달라진다

천

이 책에서는 모두 리넨을 사용했다. 평직의 리넨은 수놓기 쉽고, 세탁이 가능하며, 촉감도 부드러워 자수에 편리한 소재. 단, 리넨은 세탁하면 수축하는 특성이 있기 때문에, 천을 재단하기 전 미리 물에 담갔다가 사용해야 모양이 틀어지지 않는다.

스티치와 자수의 기본

이 책에서 사용한 8가지 스티치와 예쁘게 수놓는 요령을 소개한다.

Straight stitch 스트레이트 스티치

짧은 선을 표현하는 스티치.
실 가닥수에 따라 자수의 느낌이 달라진다.

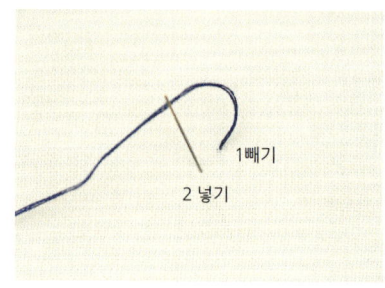

Outline stitch 아우트라인 스티치

윤곽선을 표현한다.
예쁘게 완성하는 요령은 54페이지 참조.

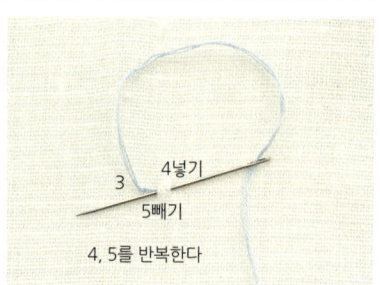

Running stitch 러닝 스티치

점선을 표현하는 스티치.
면을 메울 때는 반 땀씩 서로 엇갈려서 수놓는다.

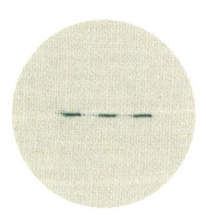
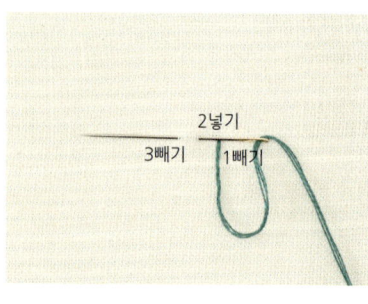
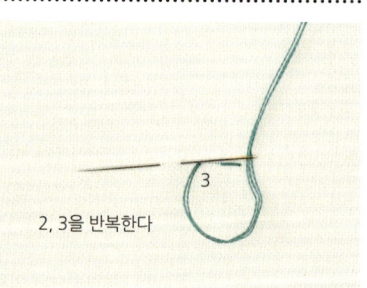

Chain stitch 체인 스티치

사슬 모양으로 선이나 면을 표현한다.
고리 크기를 일정하게 맞추는 것이 자수 요령.

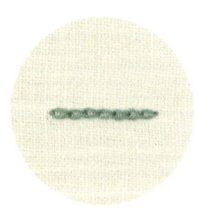
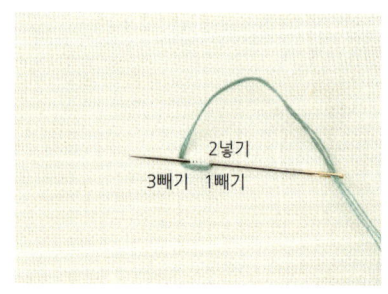
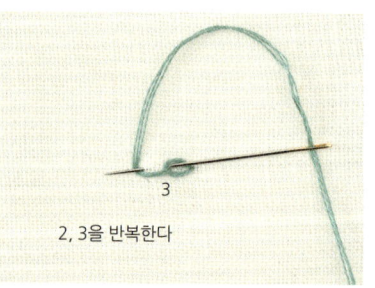

French knot stitch 프렌치 노트 스티치

기본이 2번 감기. 크기는 실 가닥수로 조정한다.
매듭이 눌리지 않도록 마지막에 수놓는다.

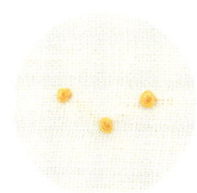
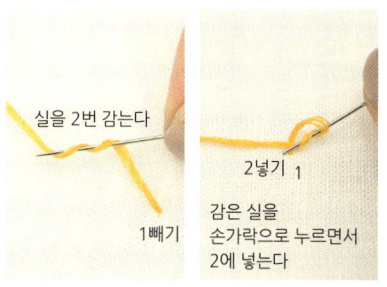

Satin stitch 새틴 스티치

입체감이 있는 스티치. 실이 꼬이지 않게 가지런히 맞춰서 수놓으면 예쁘게 완성된다.

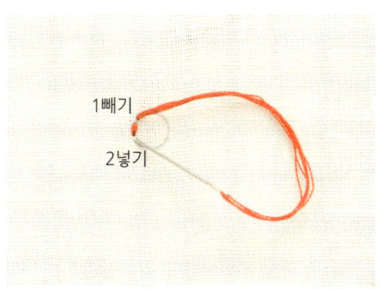

Lazy daisy stitch 레이지 데이지 스티치

꽃잎이나 잎을 표현하는 스티치.
실을 너무 당기지 말고 동그란 모양으로 수놓는다.

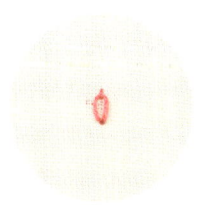
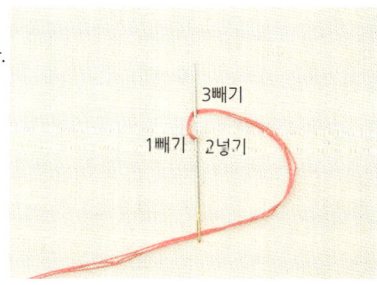
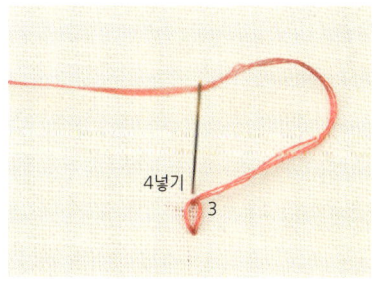

Lazy daisy stitch + Straight stitch 레이지 데이지 스티치 + 스트레이트 스티치

스트레이트 스티치는 1, 2회 수놓는다. 스티치 길이에 따라 타원이나 원의 표정이 다양해진다.

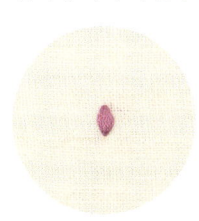
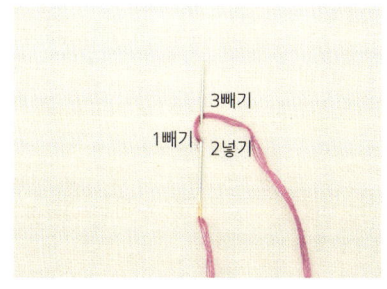
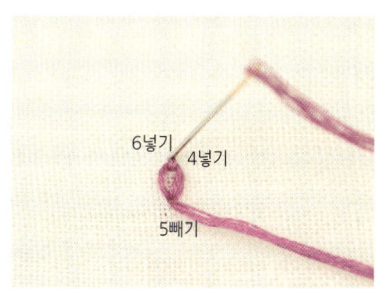

{ 아우트라인 스티치를 예쁘게 }

아우트라인 스티치는 한 땀 앞으로 갔다가 반 땀 되돌아오기를 반복한다. 곡선을 표현할 때는 바늘땀을 작게 하는 것이 자수 요령.

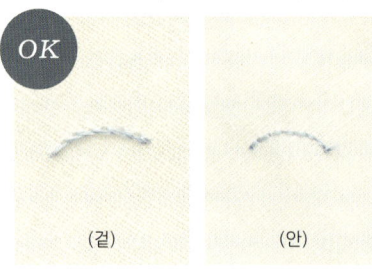
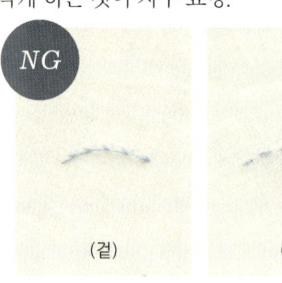

{ 체인 스티치 마무리를 예쁘게 }

체인 스티치로 윤곽을 표현할 때, 자수 시작과 마지막을 연결하면 스티치가 끊기지 않고 예쁘게 완성된다.

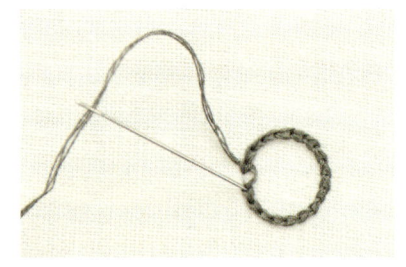

{ 면을 예쁘게 메우는 법 }

체인 스티치나 프렌치 노트 스티치로 면을 메울 경우 빈틈이 생기지 않도록 주의해서 수놓는다.

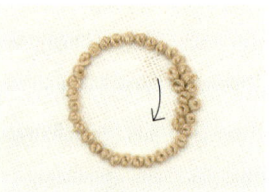

1 도안의 윤곽을 수놓는다.

2 윤곽을 따라 둘째, 셋째 열을 바깥쪽에서 중심을 향해 수놓는다.

{ 도안 베끼는 법 }

자수는 천에 도안을 베끼는 일부터 시작한다. 천의 올 방향을 바로 하여 도안을 배치한다.

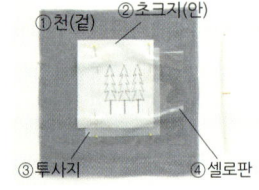

1 도안에 투사지를 올리고 베낀다.

2 사진 순서대로 겹치고 침핀으로 고정한 다음, 트레이서로 도안을 덧그린다.

{ 실 다루는 법 }

지정된 가닥수를 1가닥씩 빼서 가지런히 정돈한 뒤 사용한다. 실 정돈에 따라 자수가 훨씬 예쁘게 완성된다.

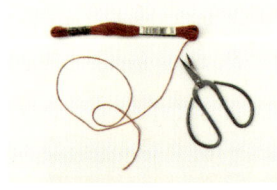

1 60cm 정도의 길이로 실을 빼고 자른다.

2 1가닥씩 필요한 가닥수를 빼서 가지런히 정돈한다. 6가닥도 같은 방법으로 사용하면 깔끔하다.

{ 자수 시작과 마무리 }

자수를 시작하고 끝내는 위치는 자유롭게 정한다. 단, 수놓을 때는 반드시 구슬매듭으로 시작해서 구슬매듭으로 마무리한다.

1cm 이상 바늘땀이 벌어질 때는 반드시 구슬매듭을 짓는다.

도안마다 반드시 구슬매듭으로 마무리해야 실이 걸리지 않고 깔끔하게 완성된다.

패널 만드는 법

작품을 예쁘게 장식할 수 있는 목제 패널을 만들어보자.

○ 재료 & 도구

수를 놓은 천
*천의 주름을 미리 다림질로 펴놓는다.
목제 패널 1장
*화방에서 구입 가능. 사이즈가 다양하니 작품에 맞춰서 선택한다. 여기서는 A5 사이즈 사용
압정
건 태커
재단 가위
마스킹 테이프

Point

흰색같이 엷은 색 천은 패널의 나뭇결이 비치기 때문에 미리 흰 종이를 풀로 살짝 붙여놓는다.

1 패널 위에 천을 펴고 도안의 위치를 조정해서 뒤집는다. 천은 목제 패널보다 5cm 이상 여유가 있어야 붙이기 편하다.

2 패널에 천을 임시로 고정한다. 천이 느슨해지지 않게 위아래 좌우의 중앙을 압정으로 고정. 겉에서 자수 위치를 확인하고 필요한 경우 조금씩 조정한다.

3 패널 긴 변의 압정을 떼고, 느슨해지지 않게 천을 약간 잡아당기면서 건 태커로 고정한다.
*건 태커 소리가 크게 나니 주의!

4 3번 요령으로 건 태커를 이용해 천을 패널의 긴 변에 일정한 간격으로 고정한다. 짧은 변도 같은 방법으로 고정한다.
*패널 모서리는 고정하지 않고 남겨둔다

5 패널 모서리의 남은 천을 모서리에 맞춰서 접는다.

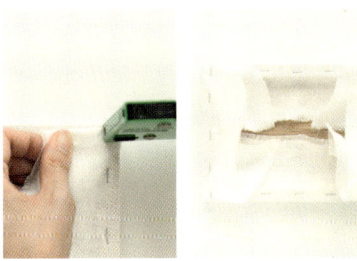

6 5의 접은 천 모서리 위를 건 태커로 고정한다. 나머지 모서리도 같은 방법으로 천을 정돈하고 고정한다.

7 여분의 천을 재단 가위로 잘라낸다.

8 건 태커의 심을 마스킹 테이프로 감춘다.
*뒤도 깔끔하게 완성되고 벽에 흠집이 나는 것을 막아준다.

완성!

Peacock feather
공작새 깃털
Page.8

새해가 오면 장식하고 싶은 아름다운 공작새 깃털.
어른스러운 모티프도 심플하게 연출하면 귀엽게 느껴진다.

※지정된 곳 이외는 2가닥
※S는 스티치의 약자, ( ) 안의 숫자는 실 가닥수,
색 번호는 모두 DMC 25번 자수실

아우트라인 S
561

체인 S
932

체인 S
561

새틴 S(6)
823

*중심의 새틴 S, 체인 S, 아우트라인 S의 순서로 수놓는다. 깃대의 아우트라인 S는 맨 마지막에 수놓아야 예쁘게 완성된다.

아우트라인 S(4)
543

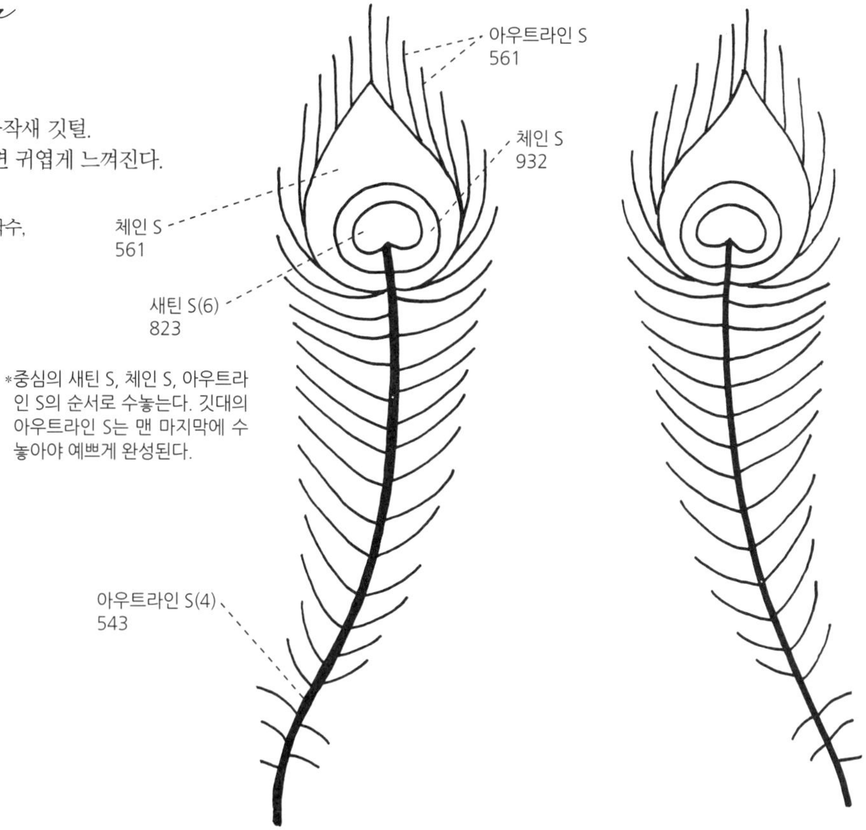

Sweet flower
스위트 플라워
Page.12

긴 겨울이 지나고
꽃이 피기 시작하는 무렵을 표현했다.
청초한 분위기는 인테리어 아이템으로도 제격이다.

※지정된 곳 이외는 6가닥
※S는 스티치의 약자, ( ) 안의 숫자는 실 가닥수,
색 번호는 모두 DMC 25번 자수실

레이지 데이지 S + 스트레이트 S
ecru

체인 S(3)
778

프렌치 노트 S
ecru

아우트라인 S(2)
3862

레이지 데이지 S +
스트레이트 S
647

아우트라인 S(2)
3862

아우트라인 S
3862

체인 S(3)
647

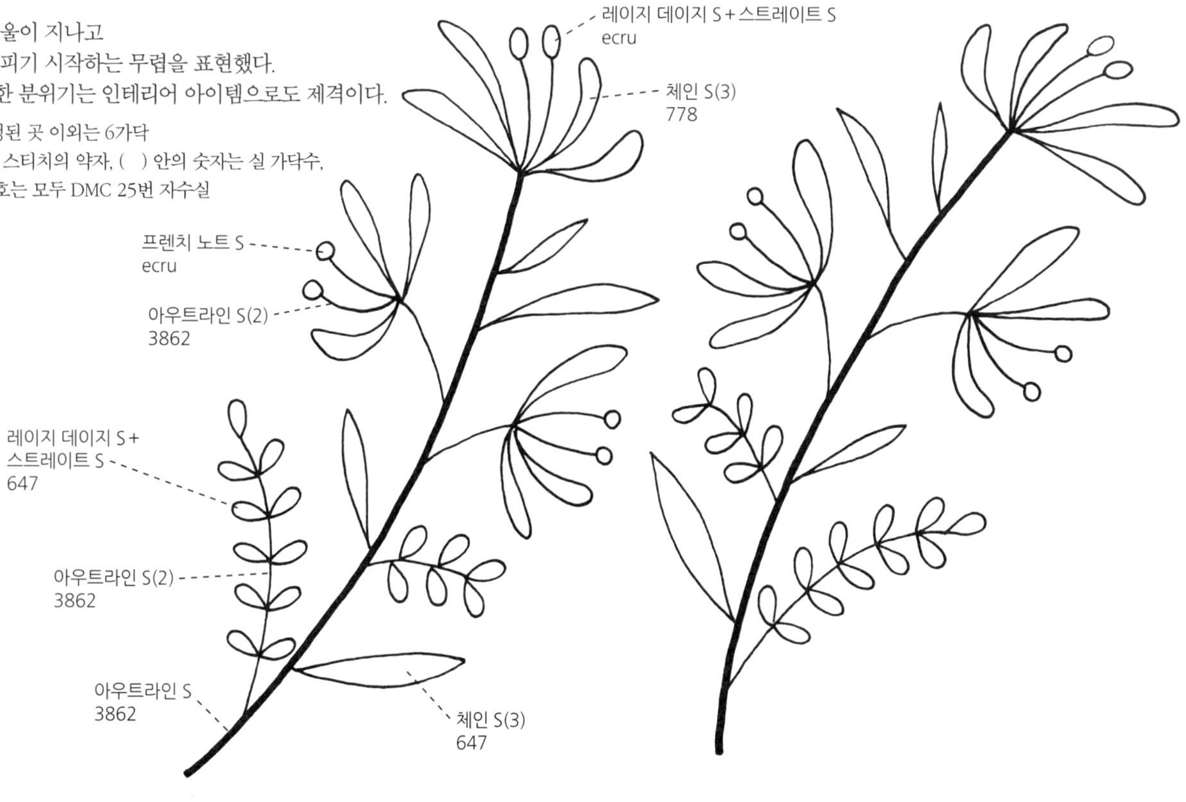

Snow flower 눈꽃

Page.9

꽃을 연상시키는 눈 결정체 4가지. 흰색과 그레이 2색으로 수놓았다.
한 개로도 포인트가 되고 많이 수놓아도 멋있다.

※지정된 곳 이외는 4가닥
※S는 스티치의 약자, ( ) 안의 숫자는 실 가닥수.
색 번호는 모두 DMC 25번 자수실

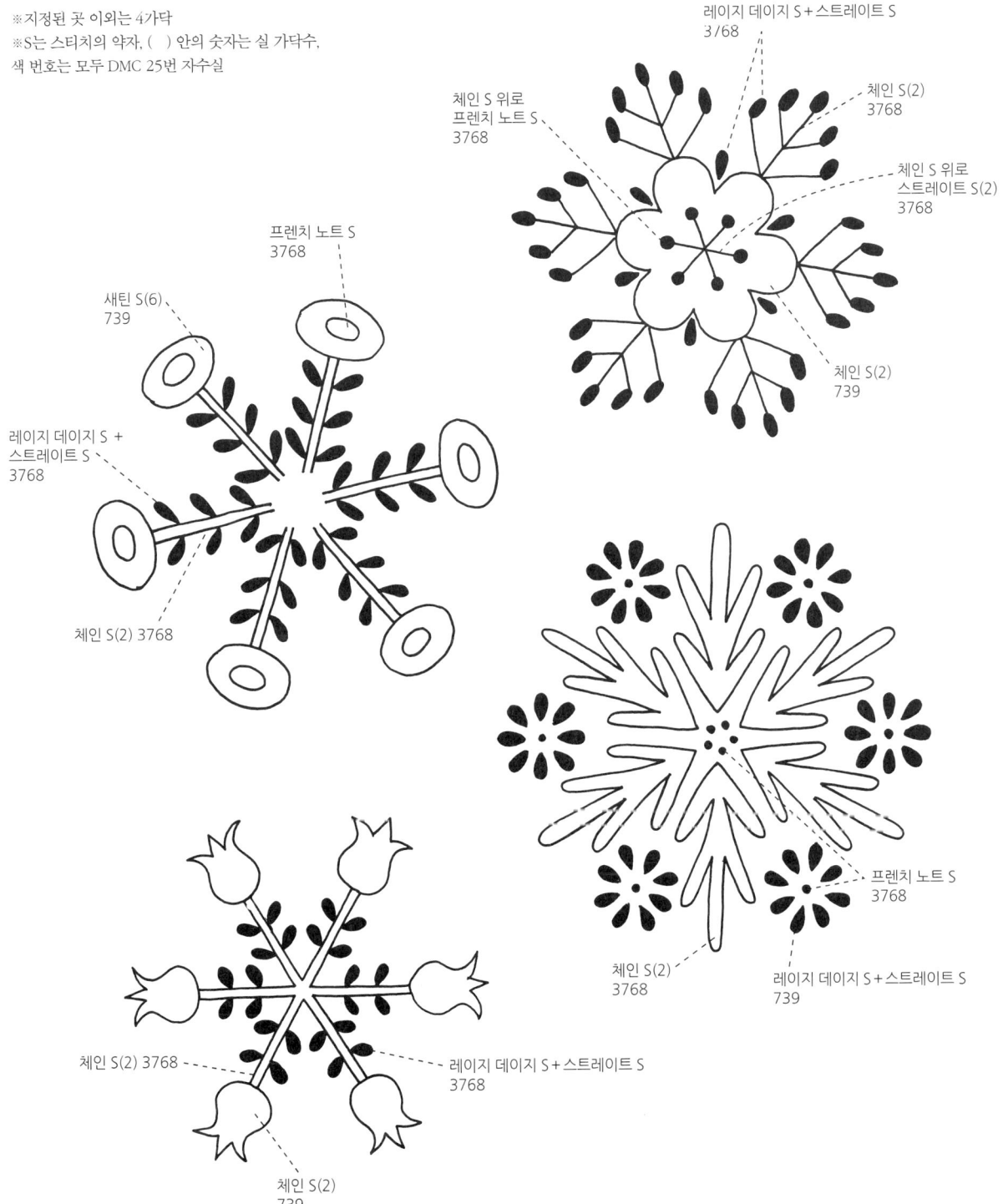

Skier 스키어

Page.10

화려한 옷으로 몸을 감싸고 설산을 미끄러지는 스키어. 백곰도 함께 내려온다.
백곰, 사람 머리와 팔, 장갑과 부츠는 모두 새틴 스티치.
스키의 폴은 맨 마지막에 수놓는다. 심플한 니트에 잘 어울리는 도안이다.

※지정된 곳 이외는 새틴 S(6)
※S는 스티치의 약자, ( ) 안의 숫자는 실 가닥수.
색 번호는 모두 DMC 25번 자수실

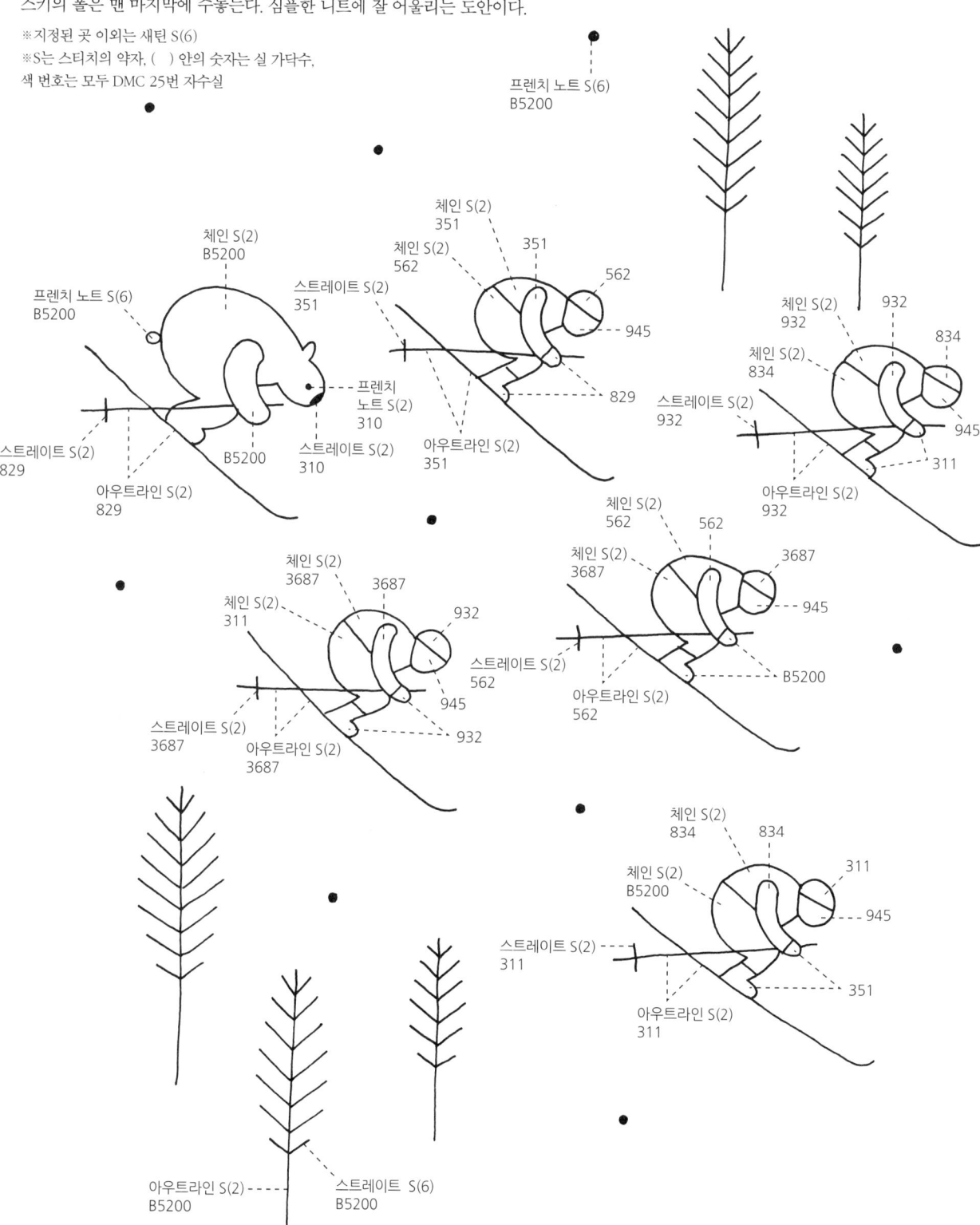

Valentine heart 발렌타인 하트

Page.11

주로 체인 스티치로 면을 메웠다.
원하는 부분만 뽑아서 수놓을 수도 있다.
역시 결혼 선물로 더할 나위 없는 도안이다.

◎ DMC 25번 자수실―3722
※지정된 곳 이외는 체인 S(2)
※S는 스티치의 약자. ( ) 안의 숫자는 실 가닥수

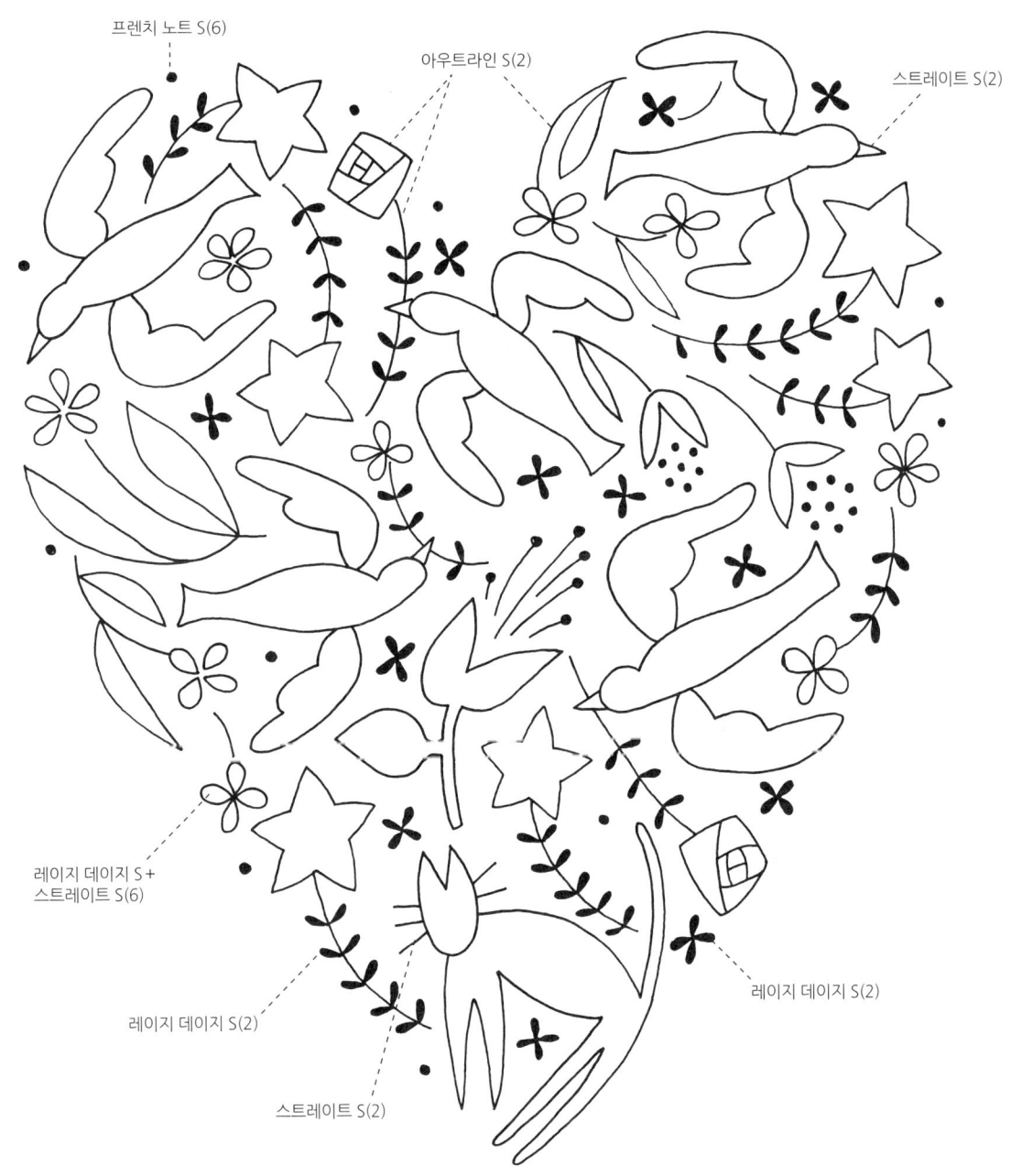

프렌치 노트 S(6)
아우트라인 S(2)
스트레이트 S(2)
레이지 데이지 S + 스트레이트 S(6)
레이지 데이지 S(2)
스트레이트 S(2)
레이지 데이지 S(2)

Mimosa 미모사
Page.13

꽃이 돋보이도록 줄기와 잎은 비슷한 색으로 마무리했다.
잎을 수놓을 때 실을 가지런히 해야 예쁘게 완성된다.

※S는 스티치의 약자, ( ) 안의 숫자는 실 가닥수.
색 번호는 모두 DMC 25번 자수실

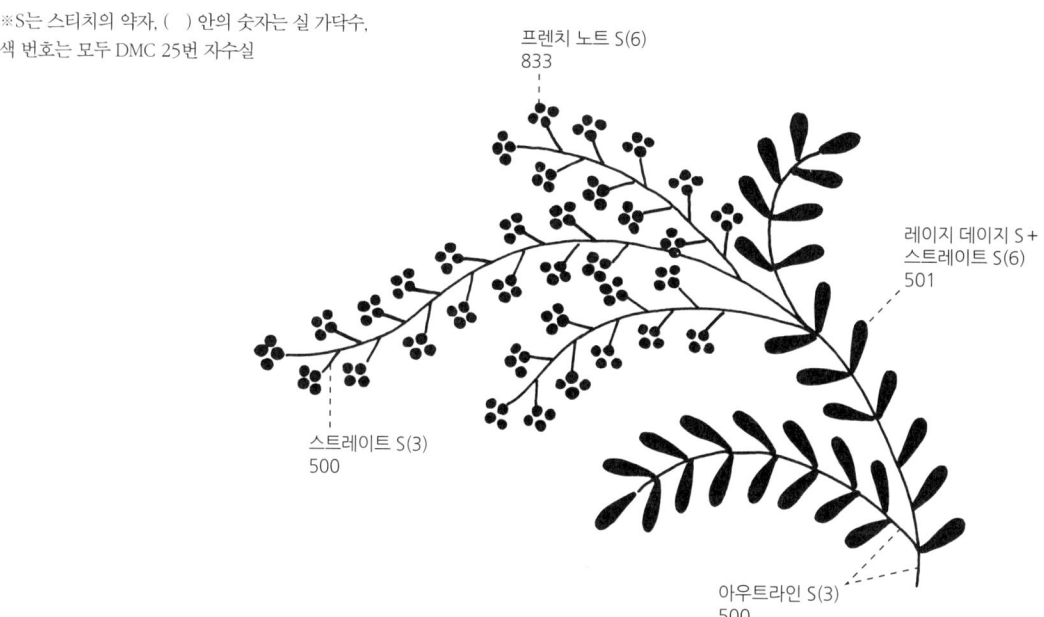

Little flower 작은 꽃 패턴
Page.14

5가지 작고 귀여운 꽃무늬. 1색이라 초보자도 쉽게 할 수 있다.
옷 밑단이나 클로스 가장자리에 연달아 수놓으면 멋스럽다.
작은 곡선의 스티치는 촘촘하게.

◎DMC 25번 자수실―B5200
※지정된 곳 이외는 체인 S(2)
※S는 스티치의 약자, ( ) 안의 숫자는 실 가닥수

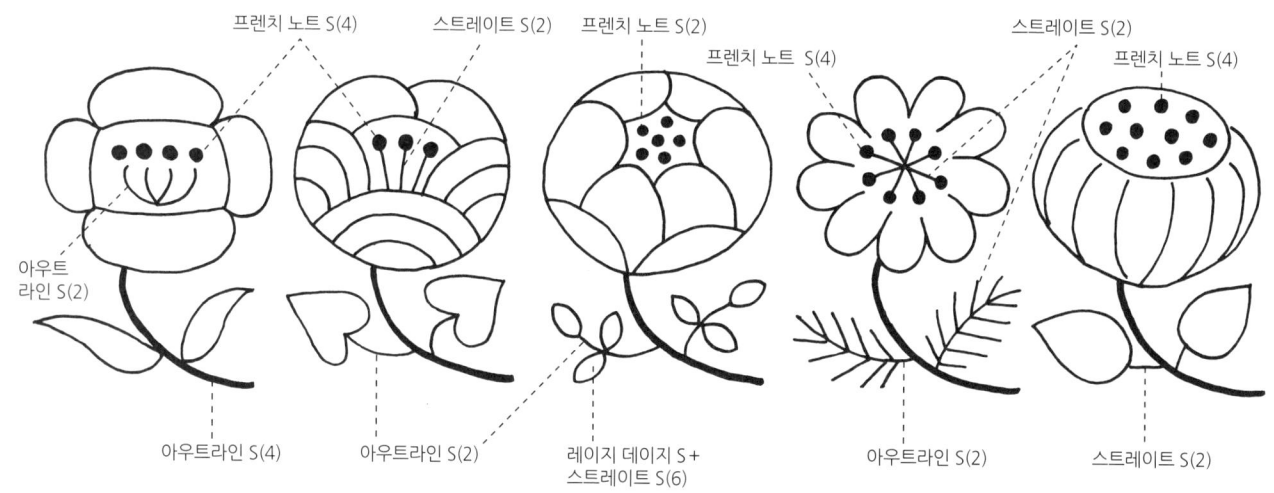

Narcissus garden

수선화 뜰

Page.15

※지정된 곳 이외는 체인 S(3)
※지정된 곳 이외는 3가닥
※S는 스티치의 약자, ( ) 안의 숫자는 실 가닥수.
색 번호는 모두 DMC 25번 자수실

수선화를 메인으로 하여, 잎과 열매를 자유롭게 흩어놓았다.
수선화는 그레이 꽃잎 심부터 시작하고
노란색 프렌치 노트 스티치를 맨 마지막에 수놓는다.

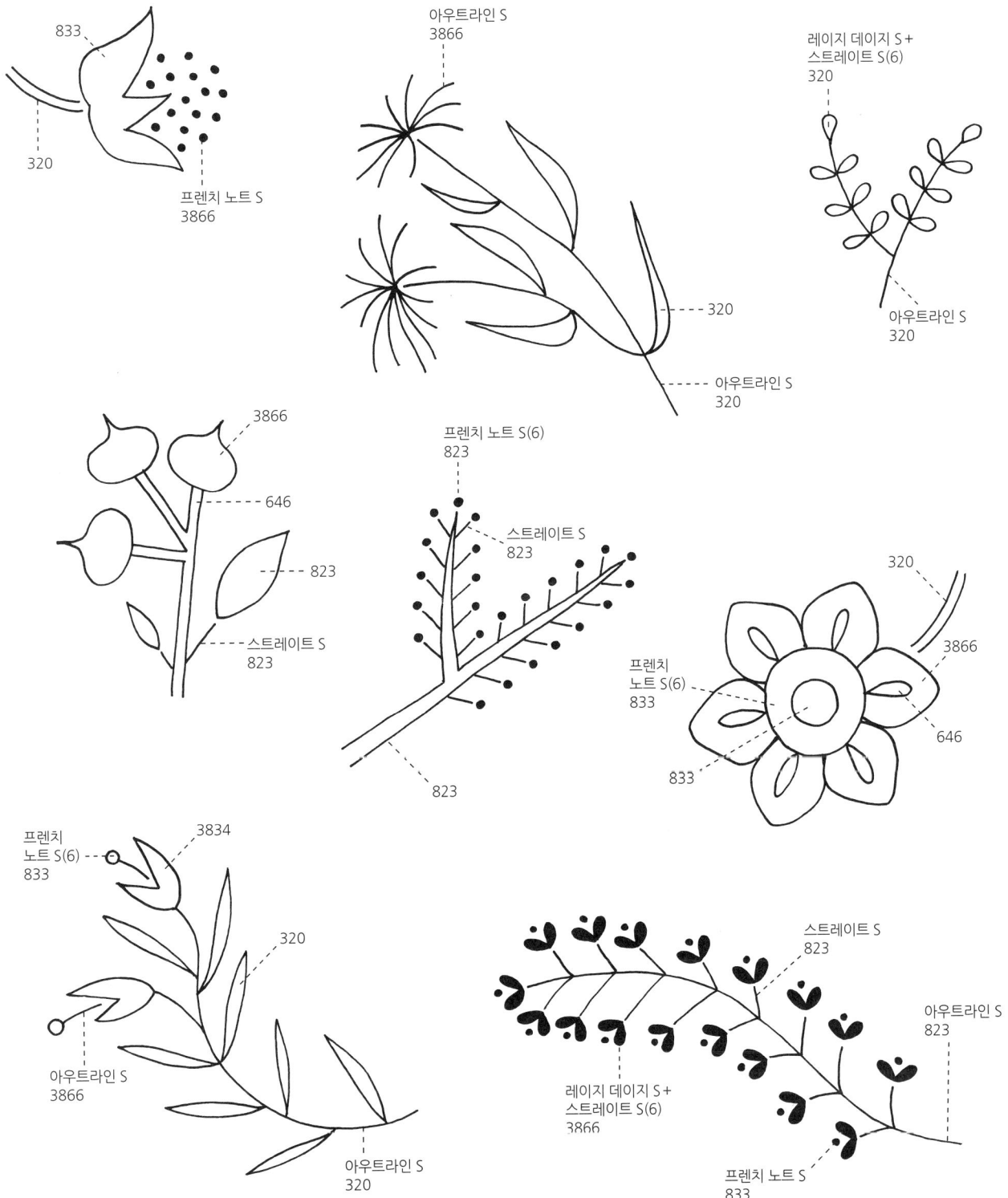

Dandelion   라이온 문장

Page.16

민들레와 라이온 문장. 노란색 계열로 세련되게 마무리했다.
왼쪽의 라이온은 도안을 뒤집어서 수놓는다.

※지정된 곳 이외는 체인 S(3)
※S는 스티치의 약자, ( ) 안의 숫자는 실 가닥수.
색 번호는 모두 DMC 25번 자수실

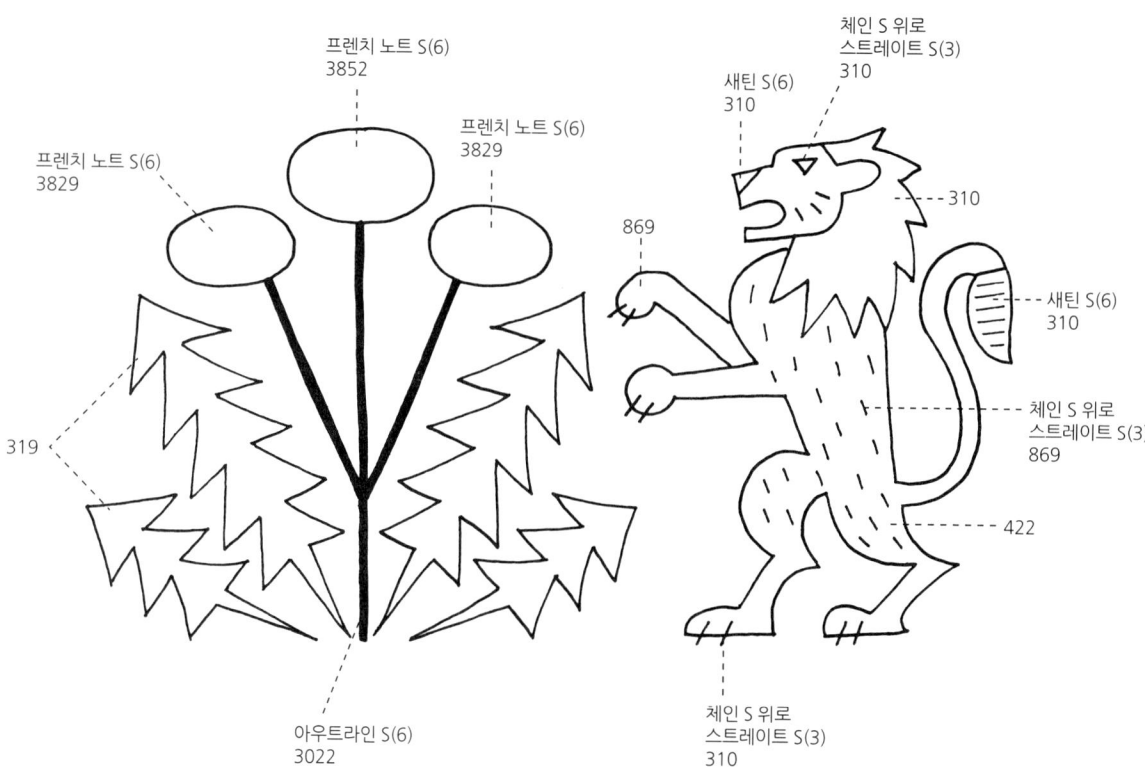

Spring flower

봄꽃 무늬

Page.17

잎과 줄기를 모두 같은 그린으로 해서 각각의 꽃 색깔이 돋보이도록 만들었다.
마음에 드는 한 송이부터 수놓아보자.

◎ 잎과 줄기의 DMC 25번 자수실―561
※줄기는 모두 아우트라인 S(2)
※지정된 곳 이외는 체인 S(2)
※S는 스티치의 약자, ( ) 안의 숫자는 실 가닥수,
색 번호는 모두 DMC 25번 자수실

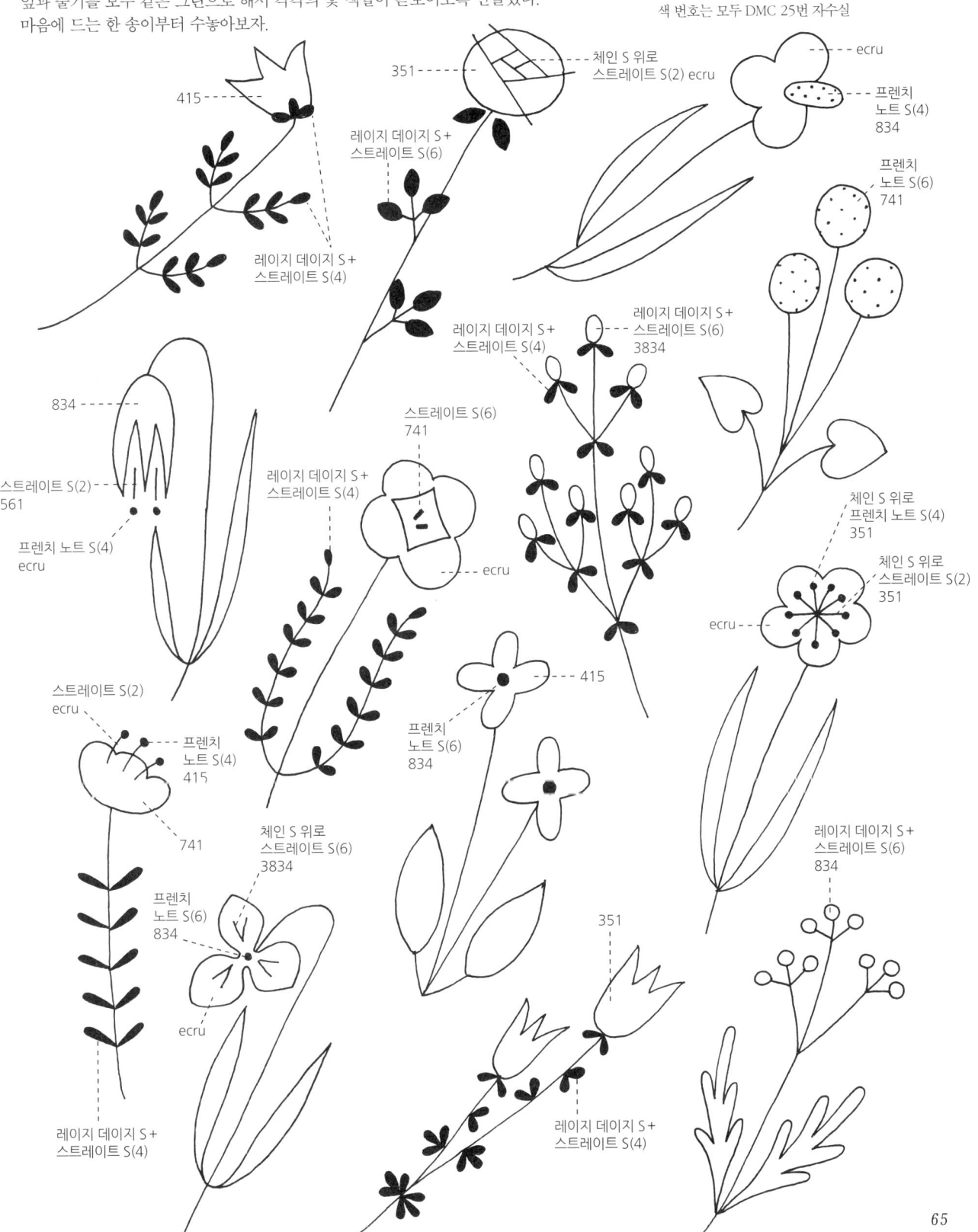

Garden 가든

Page.18

따스한 계절. 쑥쑥 자라난 풀꽃의 이미지를
봄 분위기의 산뜻한 색감으로 표현했다.

※지정된 곳 이외는 아우트라인 S(3)
※지정된 곳 이외는 3가닥
※S는 스티치의 약자, ( ) 안의 숫자는 실 가닥수,
색 번호는 모두 DMC 25번 자수실

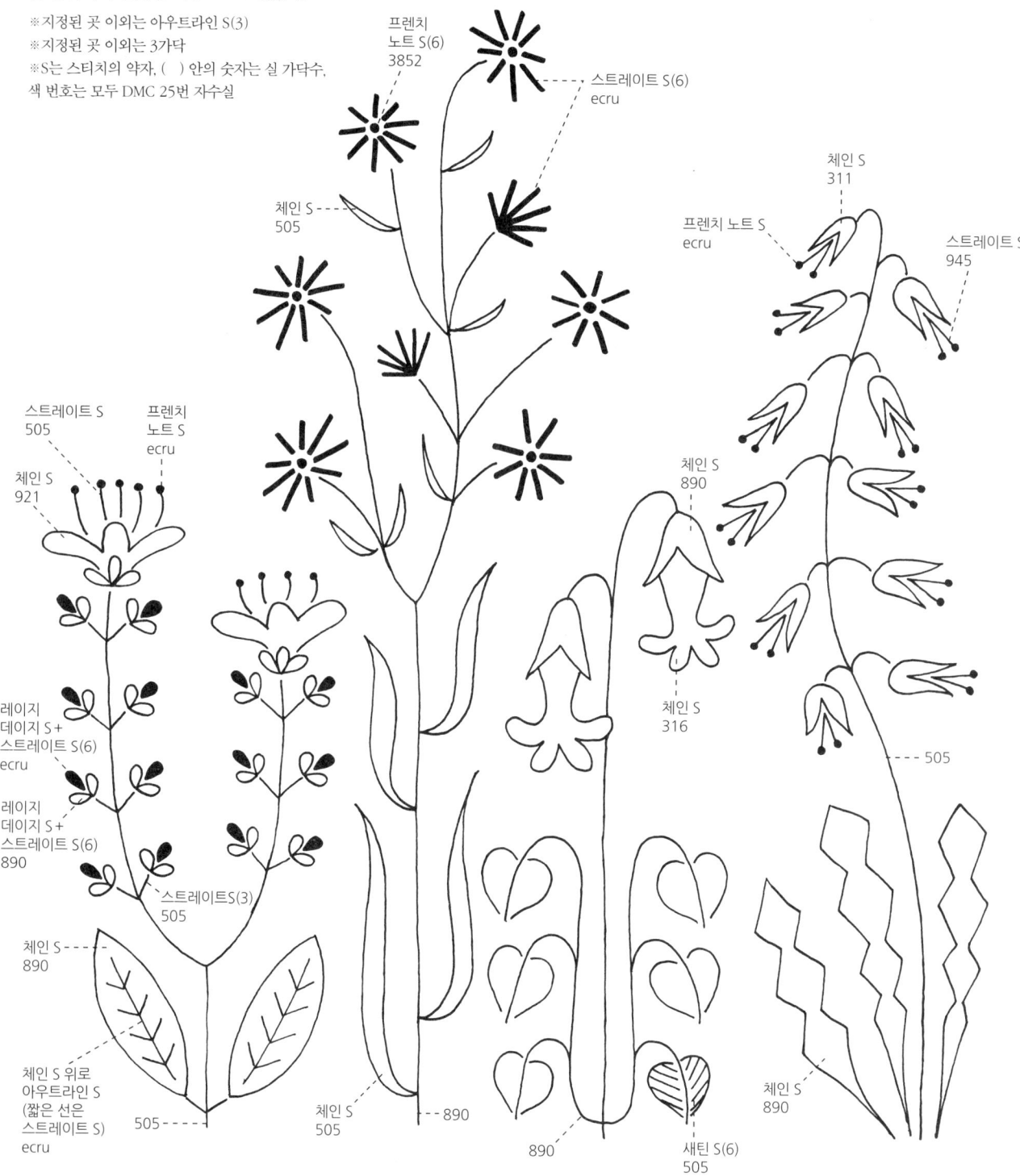

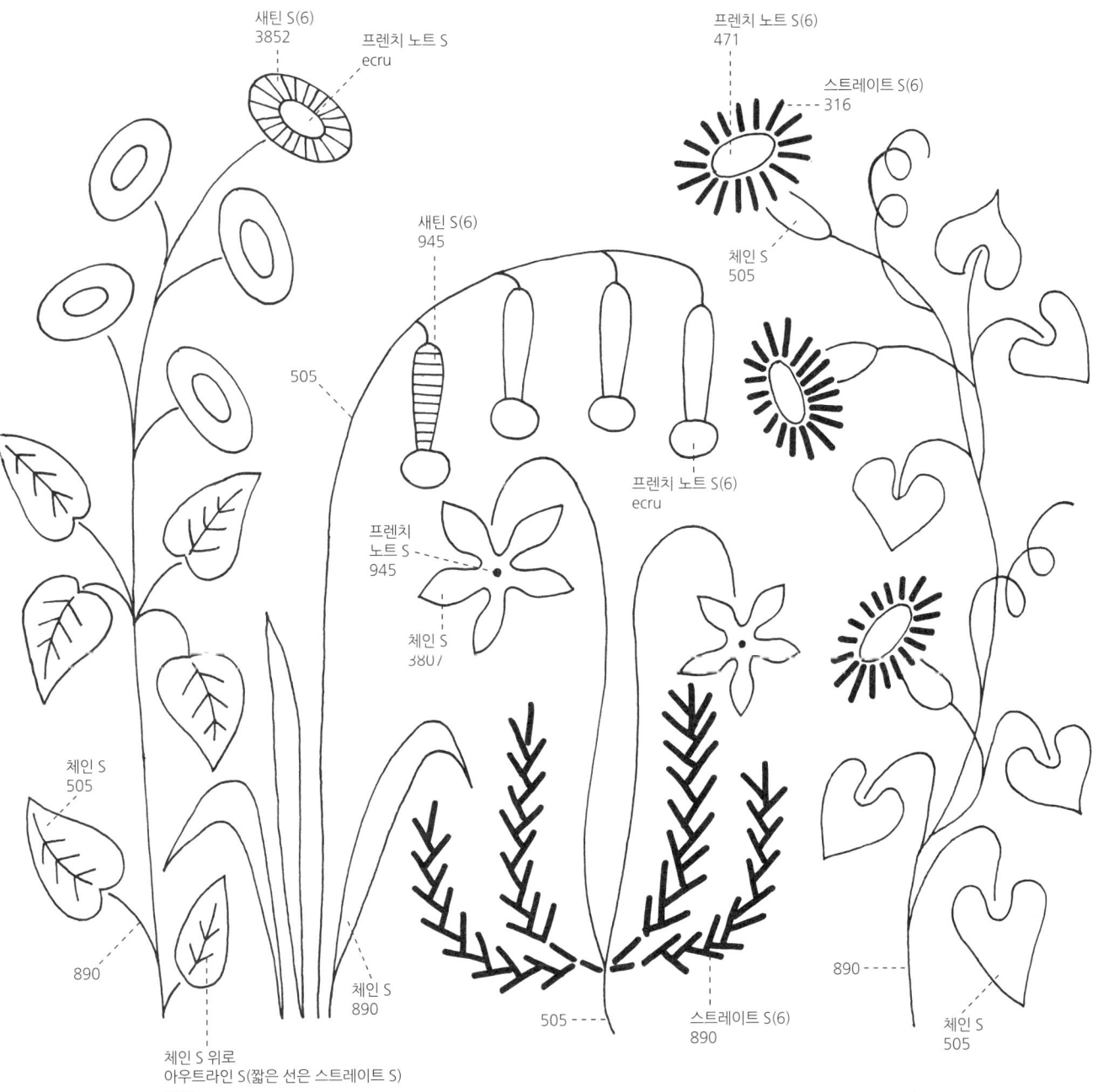

Lily of the valley 은방울꽃
Page.20

잎 부분은 다 채우지 않고 잎맥만 레이지 데이지 스티치와
아우트라인 스티치로 섬세하게 표현했다.
21페이지 가방 자수도 똑같은 색을 사용했다.

※S는 스티치의 약자, ( ) 안의 숫자는 실 가닥수,
색 번호는 모두 DMC 25번 자수실

아우트라인 S(4)
895

레이지 데이지 S +
스트레이트 S(6)
3866

체인 S(2)
3866

레이지 데이지 S(2)
895

아우트라인 S(2)
895

Insect and wreath   곤충과 리스

Page.22

곤충과 풀꽃 그리고 담쟁이. 부드러운 색감으로 무늬를 표현했다.
프렌치 노트 스티치는 눌릴 수 있으므로 맨 마지막에 수놓는다.

※지정된 곳 이외는 아우트라인 S(2). 단, 짧은 선은 스트레이트 S(2)로 수놓는다.
※S는 스티치의 약자, ( ) 안의 숫자는 실 가닥수.
색 번호는 모두 DMC 25번 자수실

69

Pteridophyte 양치식물

Page.23

몇 종류의 양치식물. 차분한 색상과 섬세한 선으로 성숙하게 표현했다.
줄기 라인부터 수놓는 것이 자수 요령.

※지정된 곳 이외는 아우트라인 S(2).
단, 짧은 선은 스트레이트 S(2)로 수놓는다
※S는 스티치의 약자, ( ) 안의 숫자는 실 가닥수,
색 번호는 모두 DMC 25번 자수실

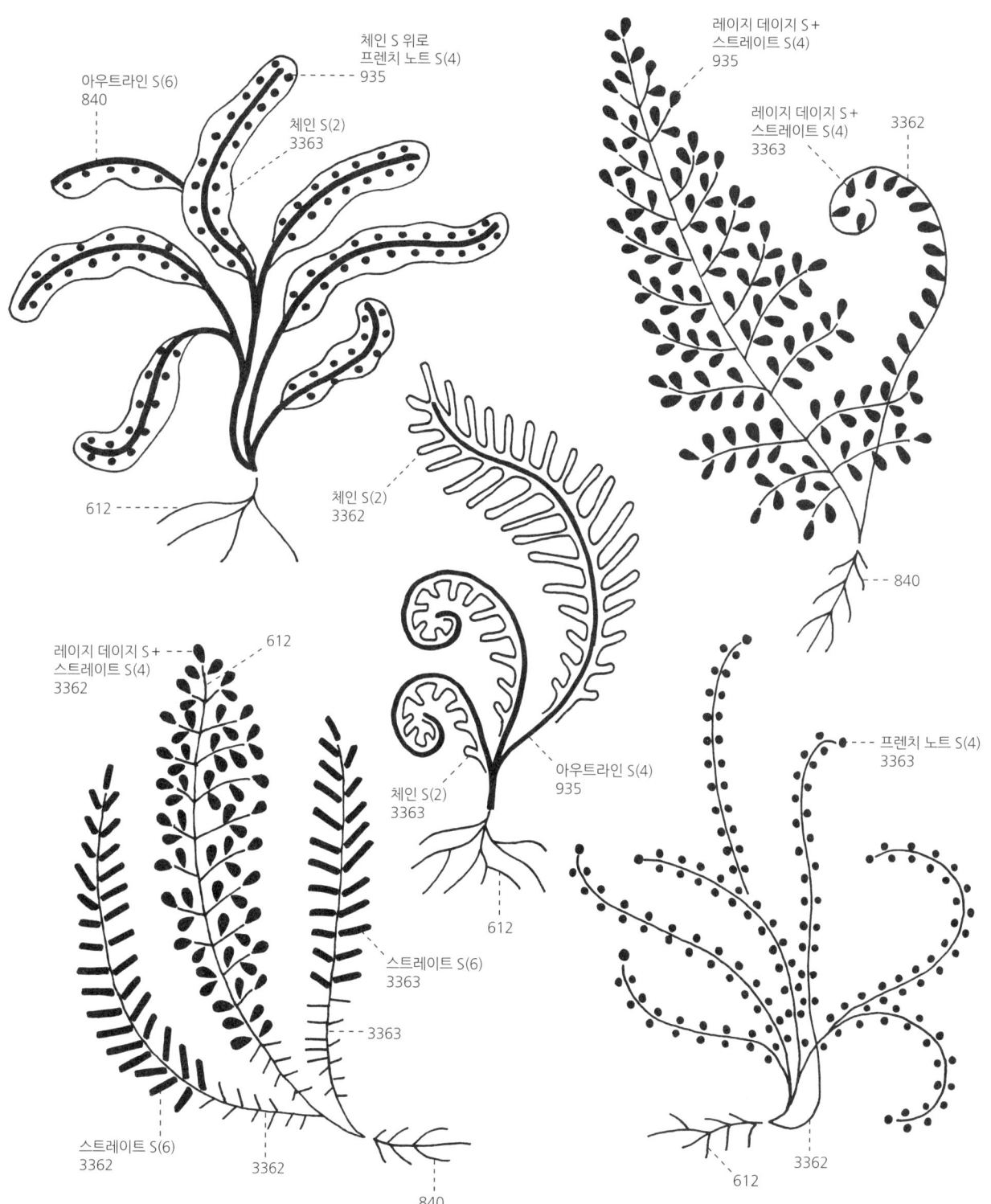

Drop flower 물방울 꽃무늬
Page.24

장마철에 딱 어울리는 물방울 이미지로 만든 꽃무늬.
1색으로 수놓으면 심플하고 어른스러운 분위기가 된다.

◎ DMC 25번 자수실 — 3866
※S는 스티치의 약자, ( ) 안의 숫자는 실 가닥수

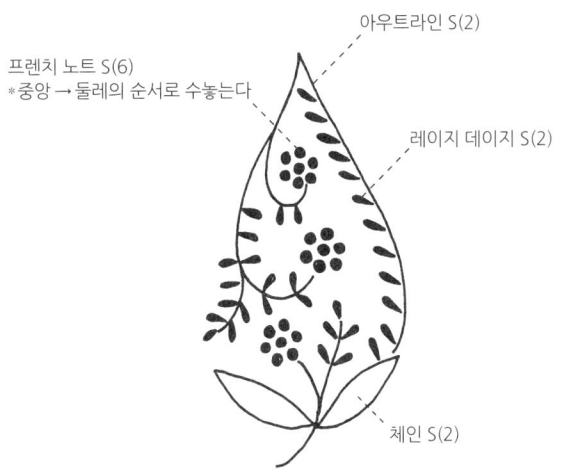

프렌치 노트 S(6)
＊중앙 → 둘레의 순서로 수놓는다

아우트라인 S(2)

레이지 데이지 S(2)

체인 S(2)

Hydrangea 수국
Page.26

꽃잎의 입체감이 살도록
잎과 줄기는 2가닥의 촘촘한 스티치로 표현했다.
빗소리가 촉촉하게 들릴 듯 잔잔한 수국 도안이다.

※S는 스티치의 약자, ( ) 안의 숫자는 실 가닥수,
색 번호는 모두 DMC 25번 자수실

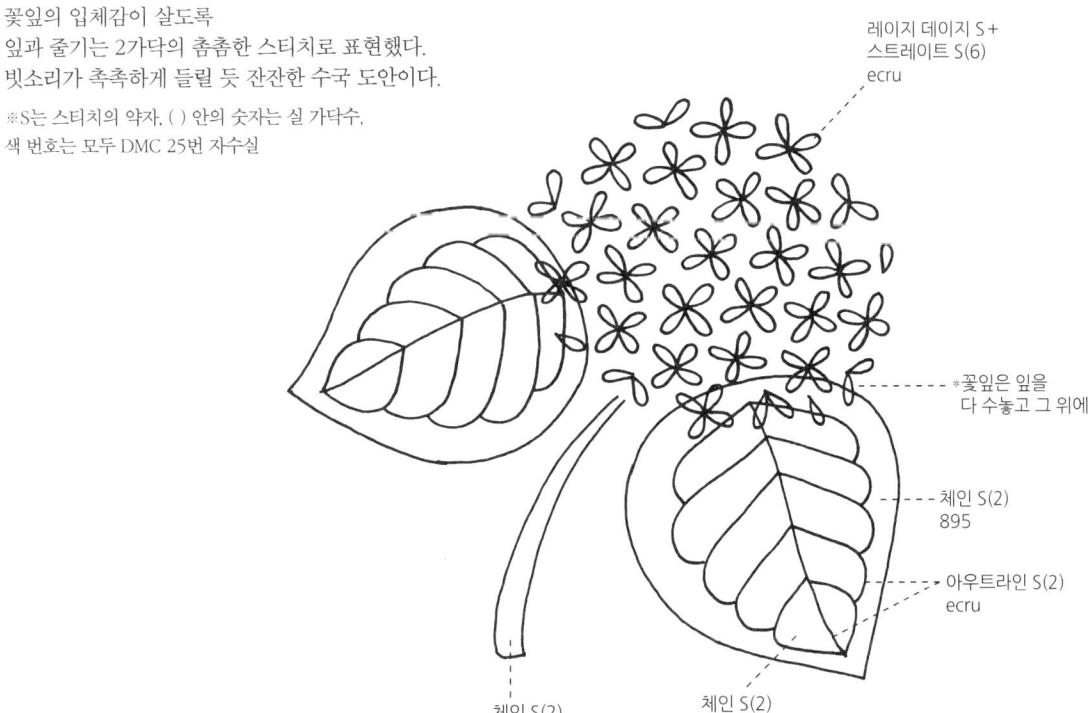

레이지 데이지 S＋
스트레이트 S(6)
ecru

＊꽃잎은 잎을
다 수놓고 그 위에

체인 S(2)
895

아우트라인 S(2)
ecru

체인 S(2)
829

체인 S(2)
3363

Sand shell

Page.27 모래밭과 조개껍데기

◎ DMC 25번 자수실 — 791
※지정된 곳 이외는 아우트라인 S(3),
・는 프렌치 노트 S(3)
※S는 스티치의 약자, ( ) 안의 숫자는 실 가닥수

조개, 불가사리, 산호…… 모래밭에서 볼 수 있는 갖가지 생물을 옮겨놓은 1색 무늬. 한 개보다는 여러 개 수놓아야 보기에도 좋다.

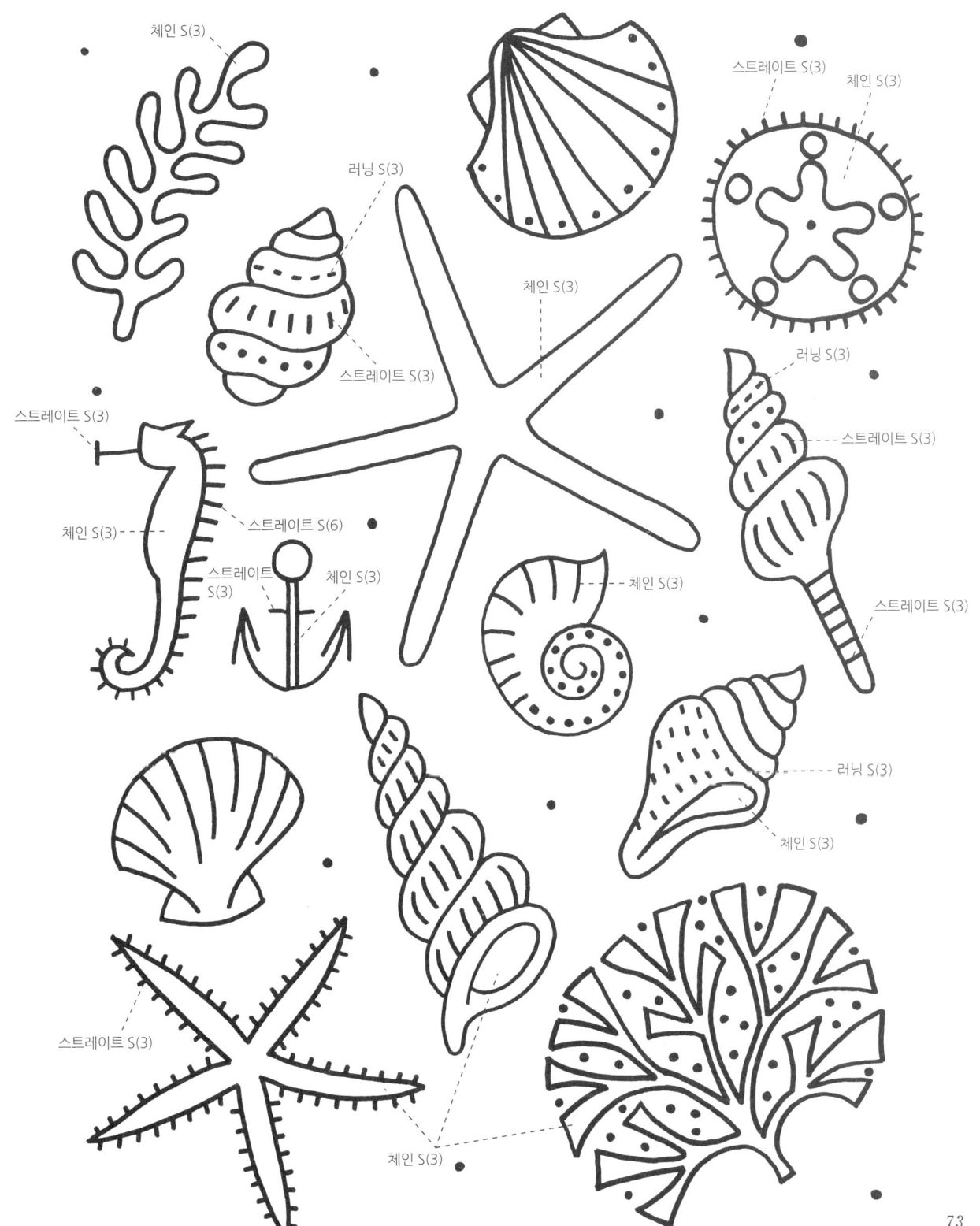

Swimmer 스위머

Page.28

수영복은 새틴 스티치로 살 위를 덮어씌우듯이 수놓는다.
실의 입체감과 윤기가 돋보이는 자수.
29페이지 모자 자수도 똑같은 색을 사용했다.

※얼굴과 모자, 수영복은 모두 새틴 S(6), 몸은 모두 체인 S(2)
※S는 스티치의 약자, ( ) 안의 숫자는 실 가닥수.
색 번호는 모두 DMC 25번 자수실

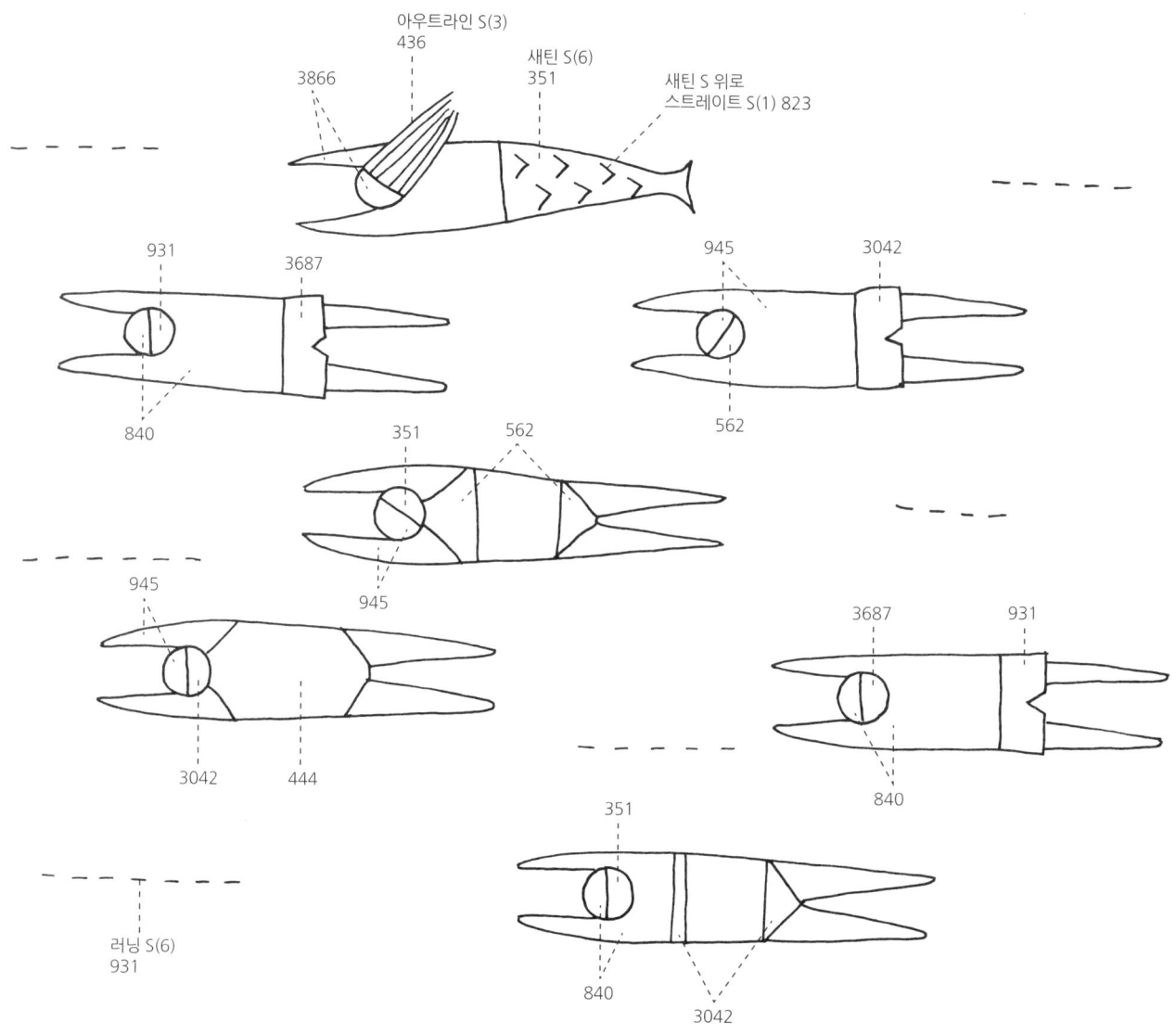

Sea wreath 바다 리스

Page.30

조그만 열대어와 고래, 산호와 불가사리…….
귀여운 바다 친구들로 꾸민 리스.
맨 마지막에 프렌치 노트 스티치로 포인트를 준다.

※지정된 곳 이외는 체인 S(2)
※지정된 곳 이외는 2가닥
※S는 스티치의 약자, ( ) 안의 숫자는 실 가닥수,
색 번호는 모두 DMC 25번 자수실

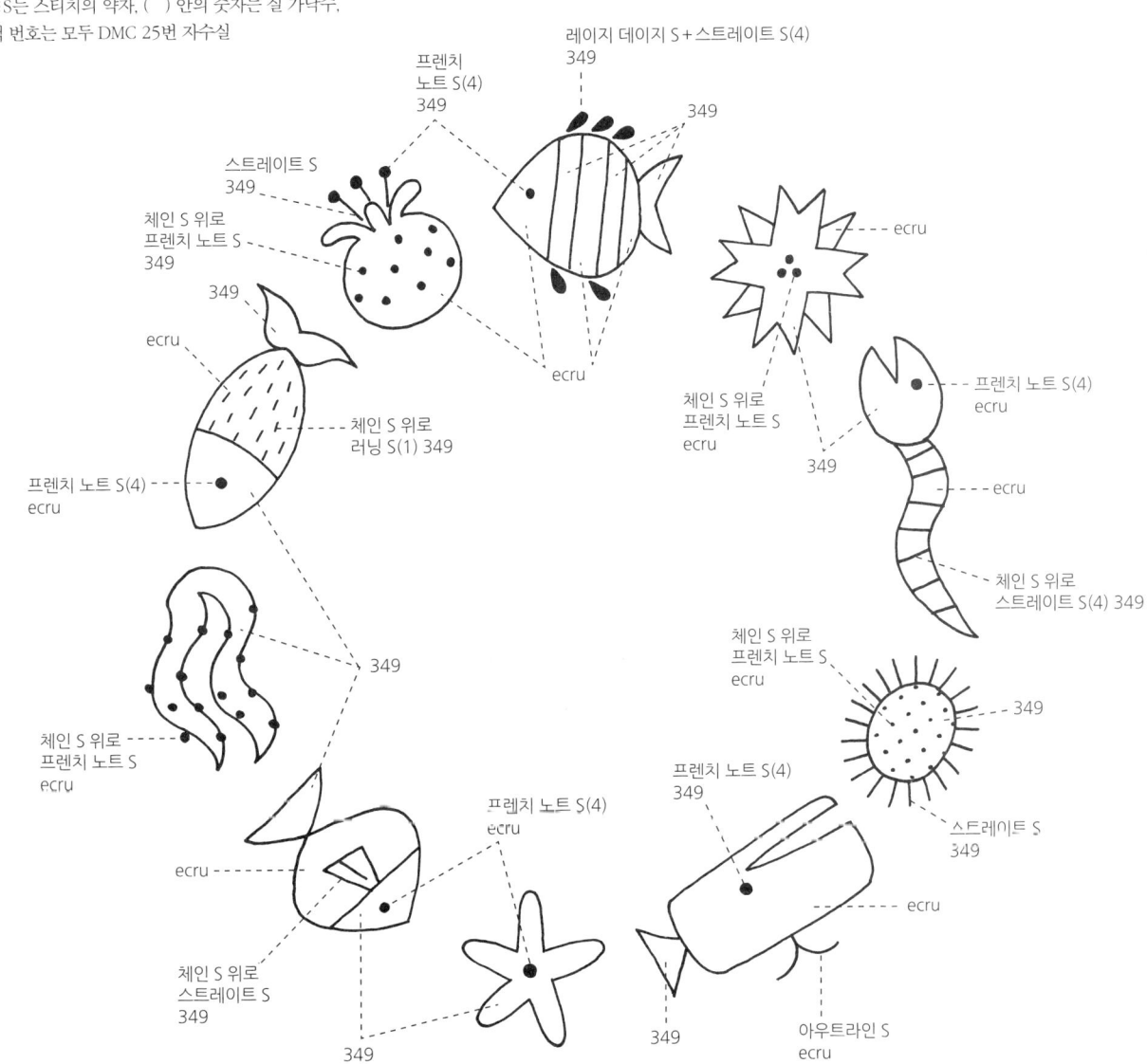

Succulent 다육식물

Page.31

여러 가지 그린 계열 실로 모던하게 표현한 선인장.
선인장 가시와 무늬는 체인 스티치 위로 수를 놓는다.

※지정된 곳 이외는 체인 S(3), 짧은 선은 스트레이트 S(2)
※S는 스티치의 약자, ( ) 안의 숫자는 실 가닥수.
색 번호는 모두 DMC 25번 자수실

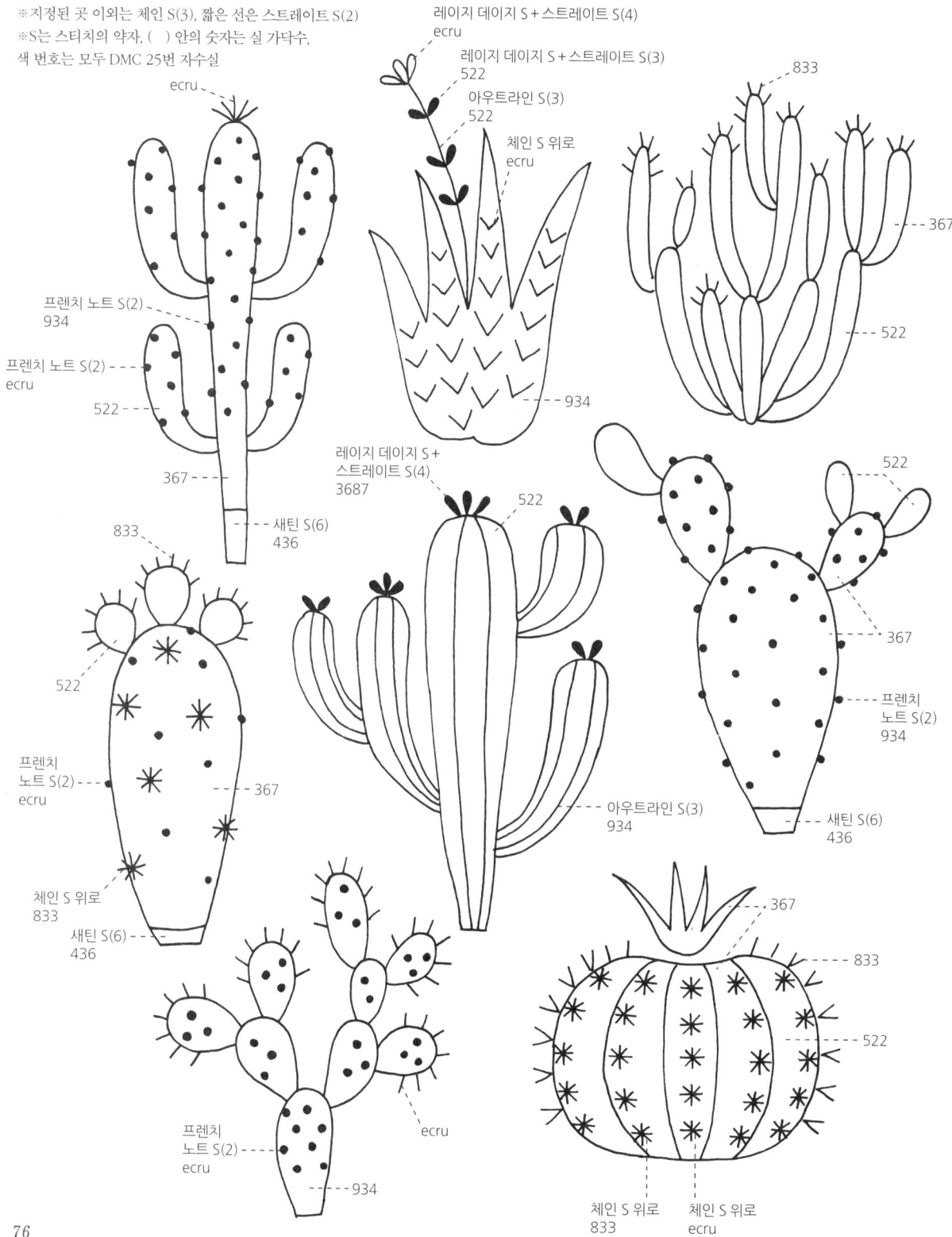

Summer flower garden

여름 꽃밭

Page.32

※지정된 곳 이외는 체인 S(3), •는 프렌치 노트 S
※S는 스티치의 약자, ( ) 안의 숫자는 실 가닥수.
색 번호는 모두 DMC 25번 자수실

정글 깊숙한 곳에 피어난 이름 모를 식물. 요란한 색깔의 신비한 꽃 사이로 도마뱀도 슬며시 숨어 있다. 입체감을 내는 프렌치 노트 스티치는 맨 마지막에 수놓는다.

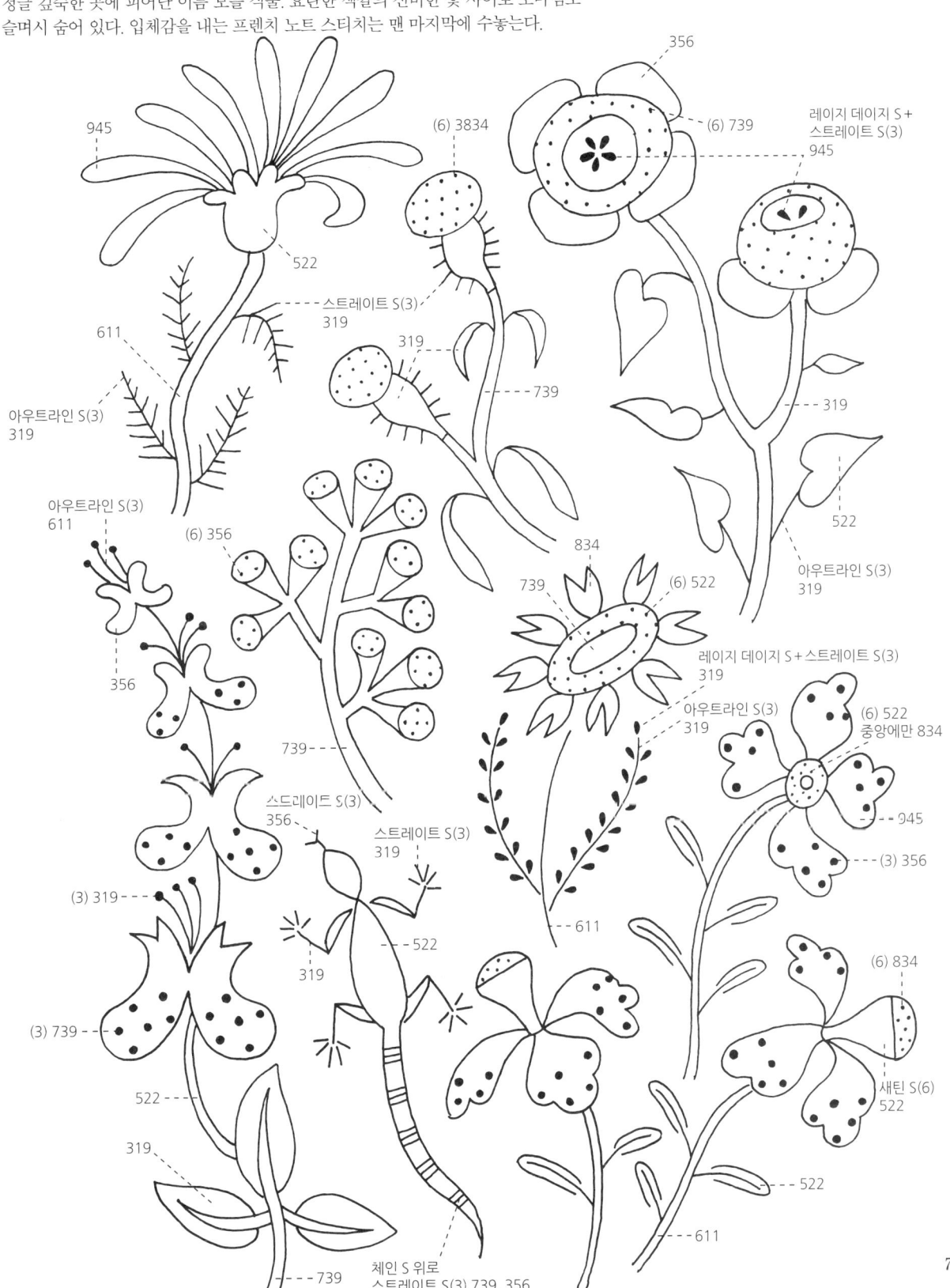

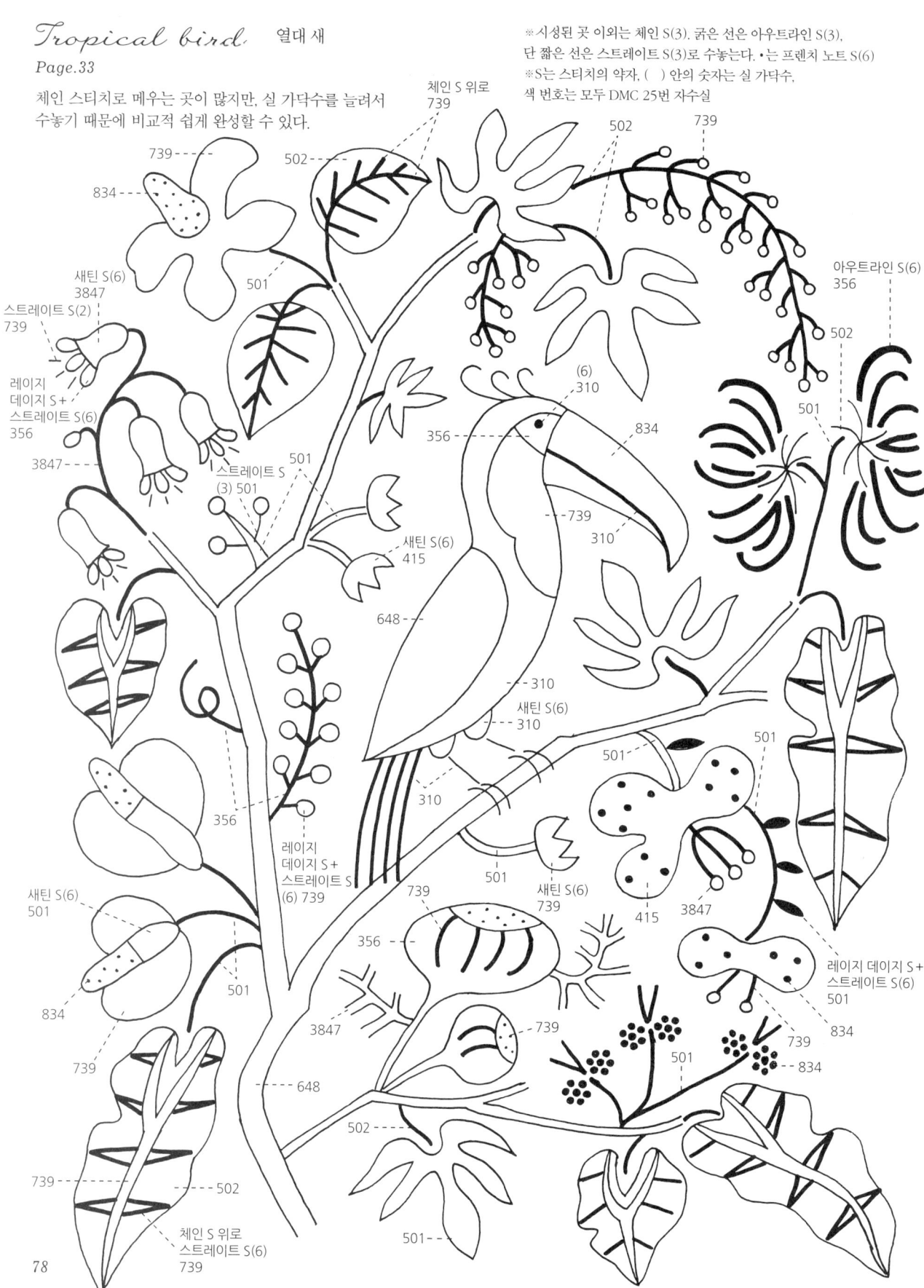

Butterfly 나비

Page.34

시크한 가을 색의 나비 5종.
날개의 새틴 스티치는 중심을 향해
방사형으로 수놓으면 예쁘게 완성된다.

※지정된 곳 이외는 체인 S(3), •는 프렌치 노트 S
※S는 스티치의 약자, ( ) 안의 숫자는 실 가닥수,
색 번호는 모두 DMC 25번 자수실

(4) 3829
아우트라인 S(2) 3829
새틴 S(6) 355
739
스트레이트 S(4) 3829
새틴 S(6) 3768
739
823
(4) 739
아우트라인 S(2) 823
스트레이트 S(4) 823
3768
3829
아우트라인 S(2) 3768
스트레이트 S(4) 3768
(4) ecru
823
스트레이트 S(4) 823
(4) 823
아우트라인 S(2) 823
(2) 739
새틴 S(6) 3829
아우트라인 S(2) 823
(4) 823
823
새틴 S(6) 355
새틴 S 위로 스트레이트 S(2) 823
새틴 S(6) 739
스트레이트 S(4) 823

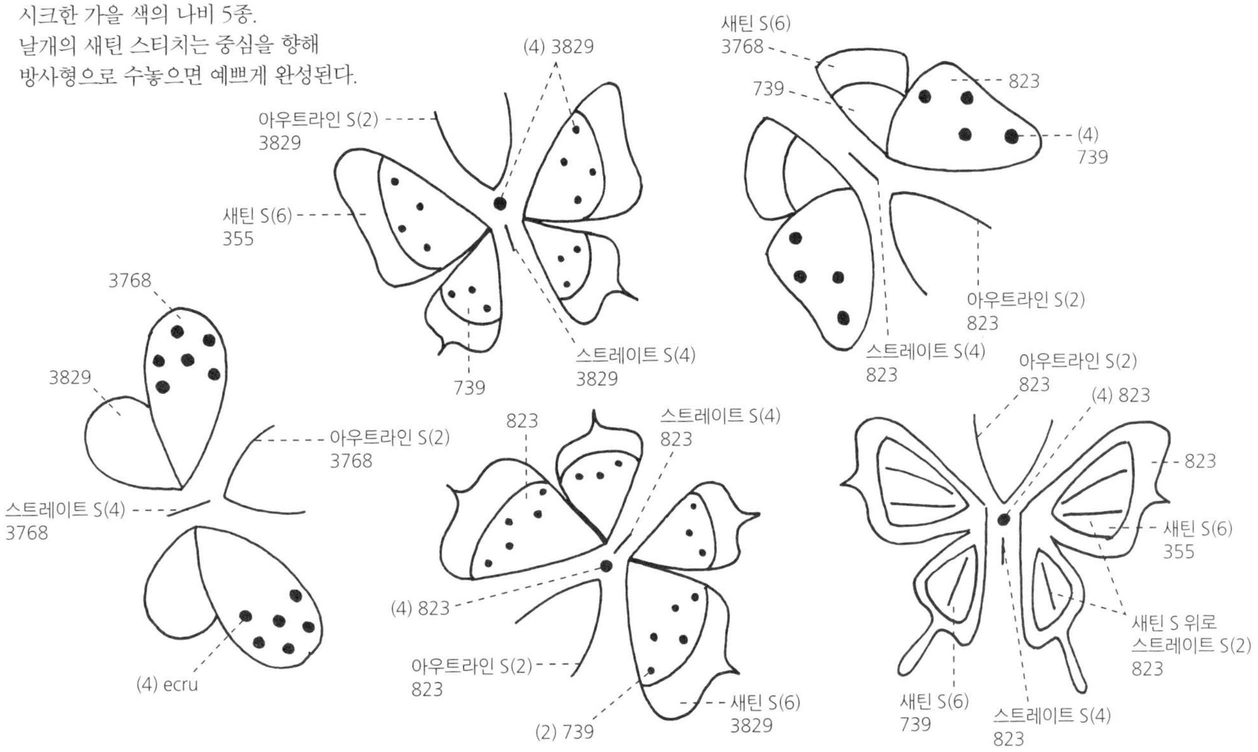

Halloween pumpkin 할로윈 호박

Page.41

4가지 호박을 그레이와 오렌지로 세련되게 연출했다.
호박의 줄무늬는 체인 스티치 위로 아우트라인 스티치를 수놓는다.

※S는 스티치의 약자, ( ) 안의 숫자는 실 가닥수,
색 번호는 모두 DMC 25번 자수실

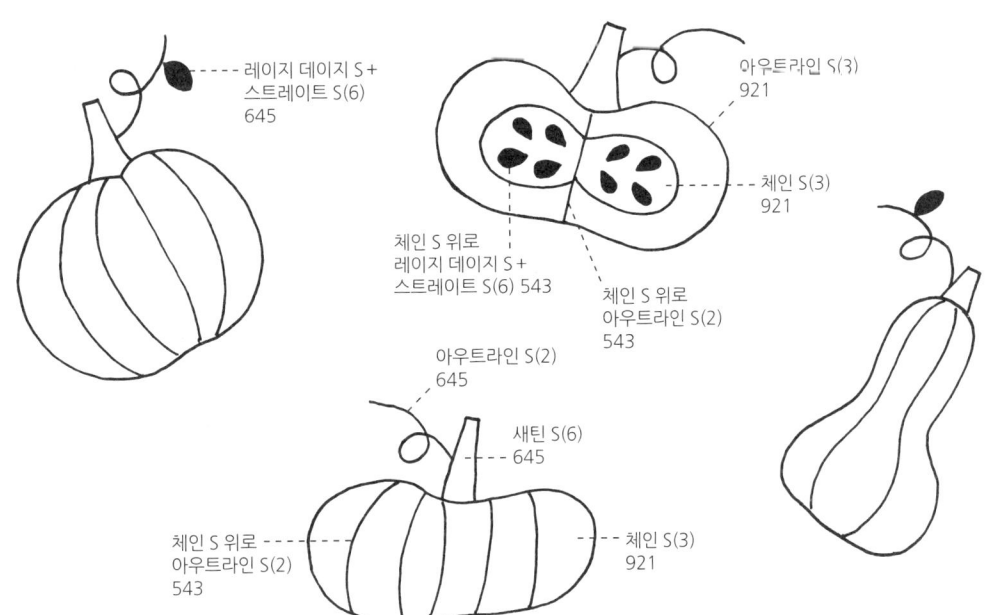

레이지 데이지 S+ 스트레이트 S(6) 645
아우트라인 S(3) 921
체인 S(3) 921
체인 S 위로 레이지 데이지 S+ 스트레이트 S(6) 543
체인 S 위로 아우트라인 S(2) 543
아우트라인 S(2) 645
새틴 S(6) 645
체인 S 위로 아우트라인 S(2) 543
체인 S(3) 921

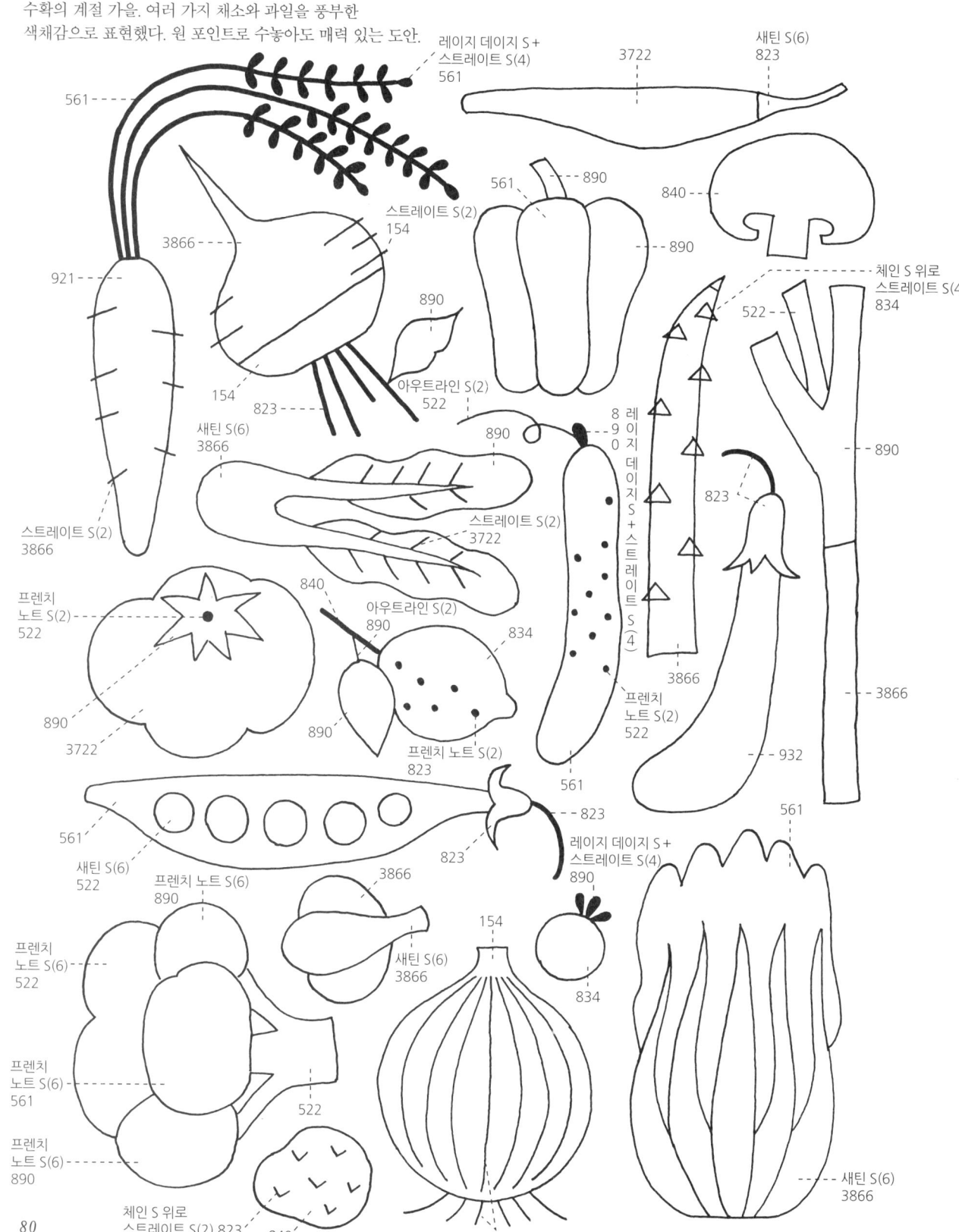

Leaf 나뭇잎

Page.36

가을의 잎과 씨앗을 기호처럼 간략하게 표현한 1색의 도안.
아우트라인 스티치로 선을 그리듯이 수놓는다.
37페이지 에이프런은 DMC 25번 자수실 832를 사용했다.

◎DMC 25번 자수실—ecru
※지정된 곳 이외는 아우트라인 S(3), 짧은 선은 스트레이트 S(3)
※S는 스티치의 약자, ( ) 안의 숫자는 실 가닥수

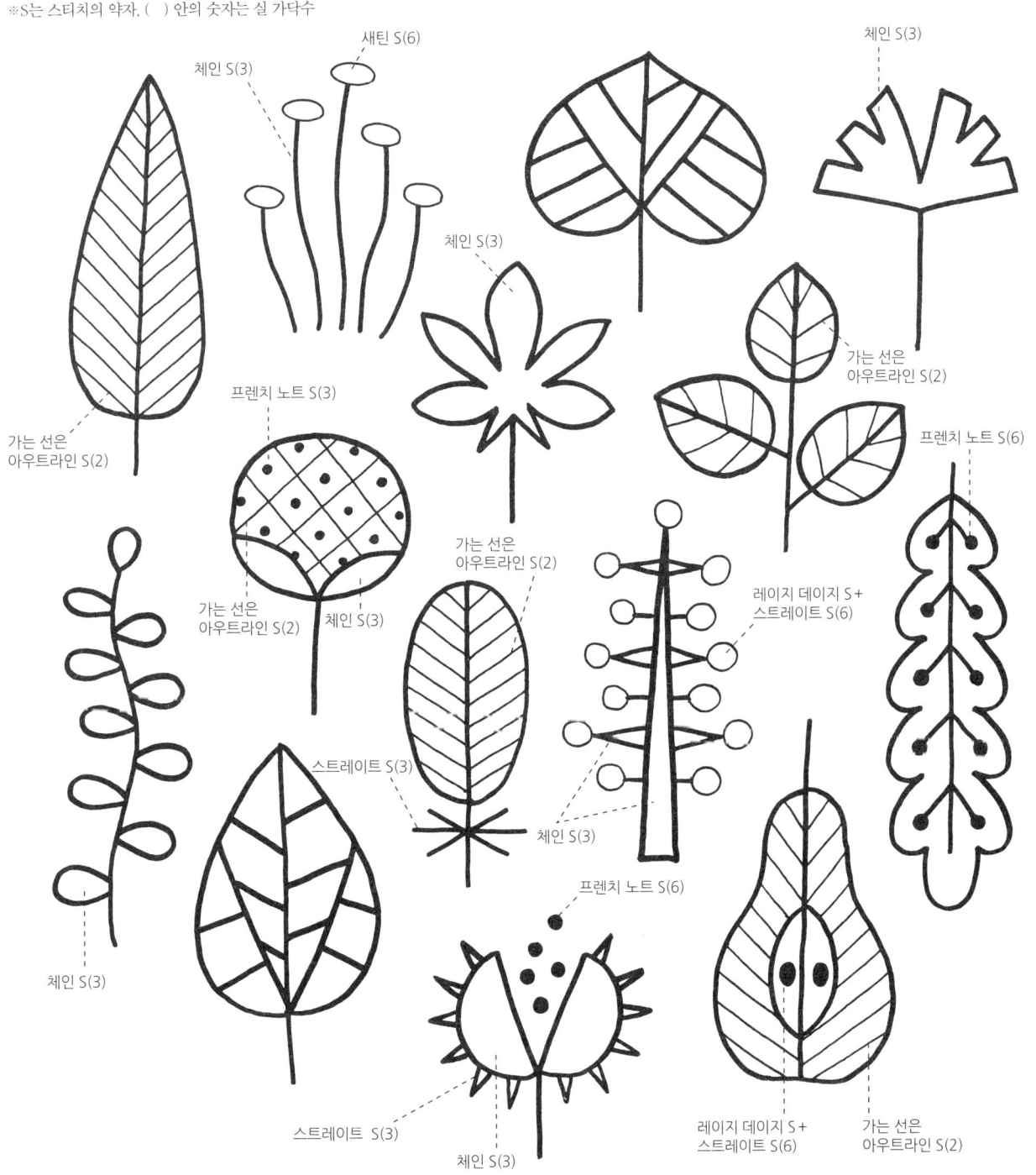

Seed 씨앗 무늬
Seed ver. 10 colors 씨앗 무늬 10색

Page.38, 39

1색 자수는 선을 덧그리듯이 수놓는다.
10색 자수는 스티치가 다양해져서 약간은 난이도가 올라간다.

◎ 1색의 DMC 25번 자수실 —ecru
※ 지정된 곳 이외의 굵은 선은 아우트라인 S(3)
※ 〈 〉 안의 숫자는 10색의 DMC 25번 자수실 색 번호
※ S는 스티치의 약자, ( ) 안의 숫자는 실 가닥수

Autumn pattern 가을의 기하학무늬
Page.40

볼록한 입체감과 모던한 가을 색감이 포인트인 작은 꽃 패턴.
쭉 이어서 수놓으면 화사한 분위기로 연출된다.

※S는 스티치의 약자, ( ) 안의 숫자는 실 가닥수.
색 번호는 모두 DMC 25번 자수실

레이지 데이지 S +
스트레이트 S(6)
739

프렌치 노트 S(6)
648

스트레이트 S(2)
3362

아웃라인 S(2)
3362

레이지 데이지 S(2)
3362

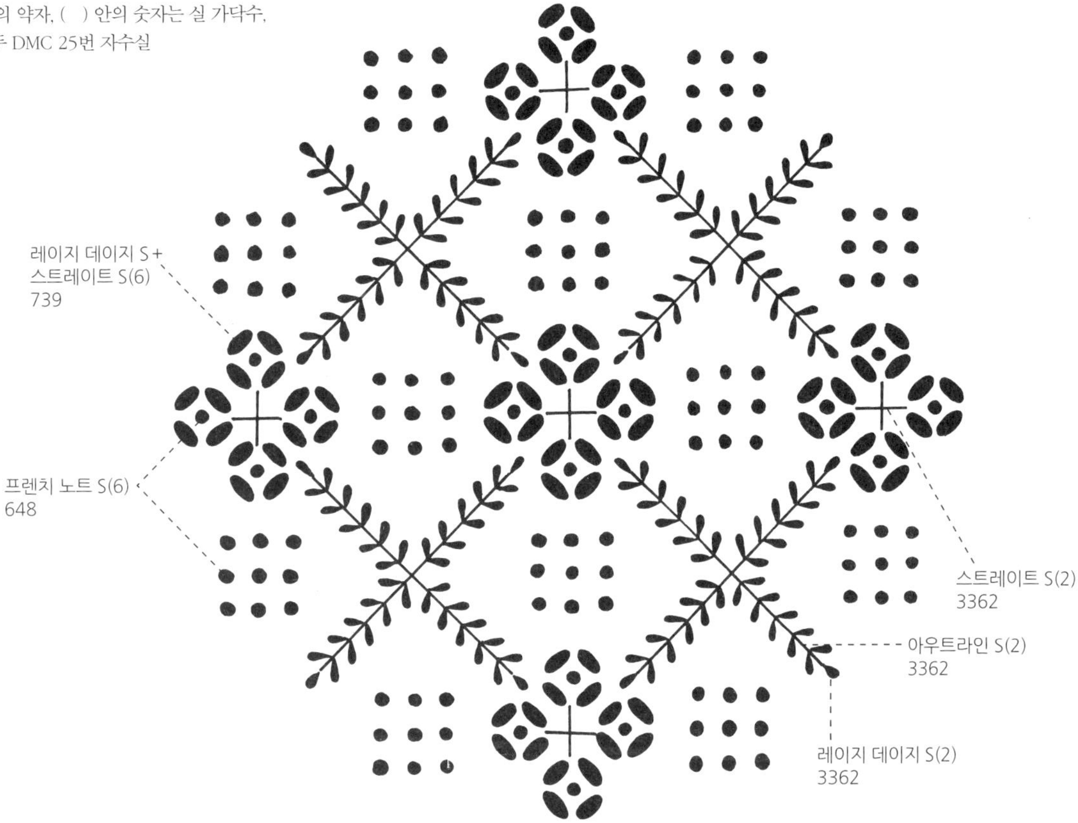

Pomegranate tree 석류나무
Page.43

인도의 앤티크 문양을 본뜬 나무 패턴.
볼륨을 준 석류 열매가 귀엽게 느껴지는 도안이다.

※S는 스티치의 약자, ( ) 안의 숫자는 실 가닥수.
색 번호는 모두 DMC 25번 자수실

레이지 네이지 S +
스트레이트 S(3)
3777

프렌치 노트 S(6)
3777

아웃라인 S(2)
840

레이지 데이지 S(2)
890

체인 S(2)
840

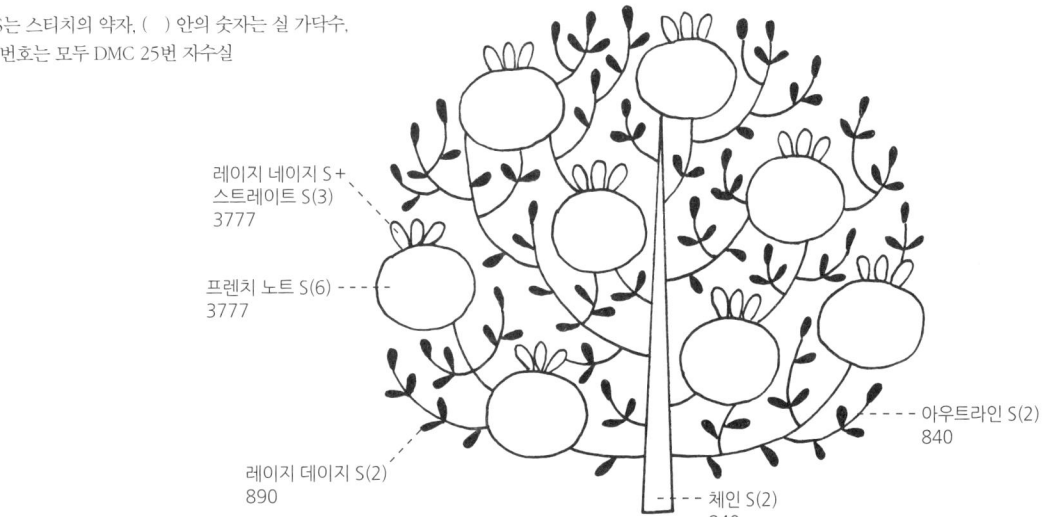

Deep forest 깊은 숲
Page.42

굵은 선으로 표현된 나뭇가지와 소박한 새가 날아드는 가을의 깊은 숲.
2색으로 시크하게 표현했지만 색을 더 추가하면 경쾌한 인상이 된다.

※지정된 곳 이외는 체인 S(3)
※S는 스티치의 약자, ( ) 안의 숫자는 실 가닥수,
  색 번호는 모두 DMC 25번 자수실

Autumn tree 가을 나무
Page.44

체인 스티치로 윤곽선을 그린다.
채우는 면이 적은 1색의 자수로
도안을 크게 해도 수놓기 쉽다.

◎DMC 25번 자수실―3777
※지정된 곳 이외의 굵은 선은 체인 S(2),
  가는 선은 아우트라인 S(2),
• 는 프렌치 노트 S
※S는 스티치의 약자, ( ) 안의 숫자는 실 가닥수

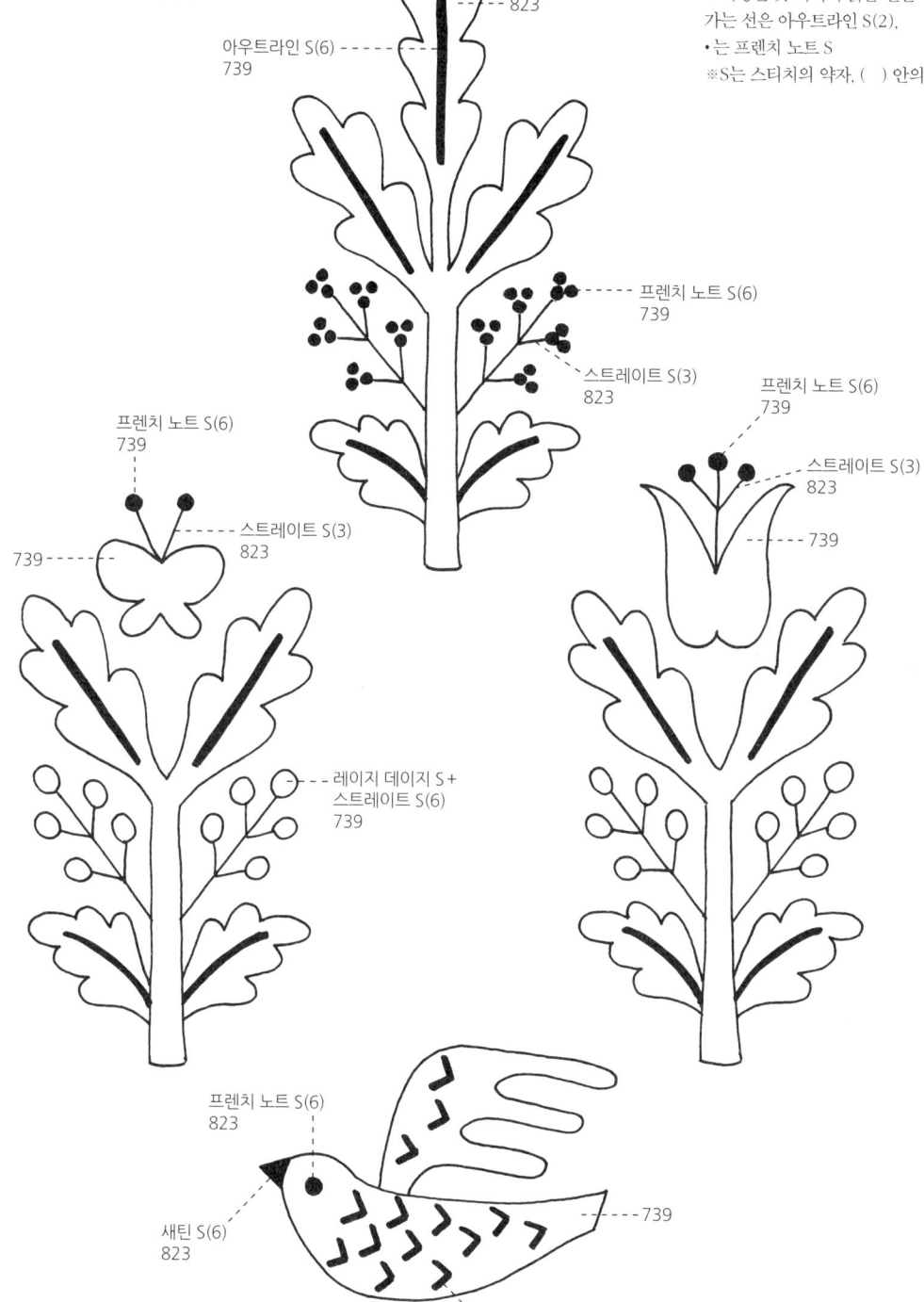

Christmas tree 그리스마스트리

Page.45

순록과 양, 새와 사람 등 귀여운 모티프를 나란히 수놓은 크리스마스트리.
마치 십자수 도안 같다. 거의 1색으로 해서 성숙미와 귀여움이 동시에 묻어난다.

◎ DMC 25번 자수실은 동물의 눈만 ecru. 그 외는 817
※ 지정된 곳 이외는 아우트라인 S(2). 단, 짧은 선은 스트레이트 S(2)로
수놓는다. • 는 프렌치 노트 S
※ S는 스티치의 약자, ( ) 안의 숫자는 실 가닥수

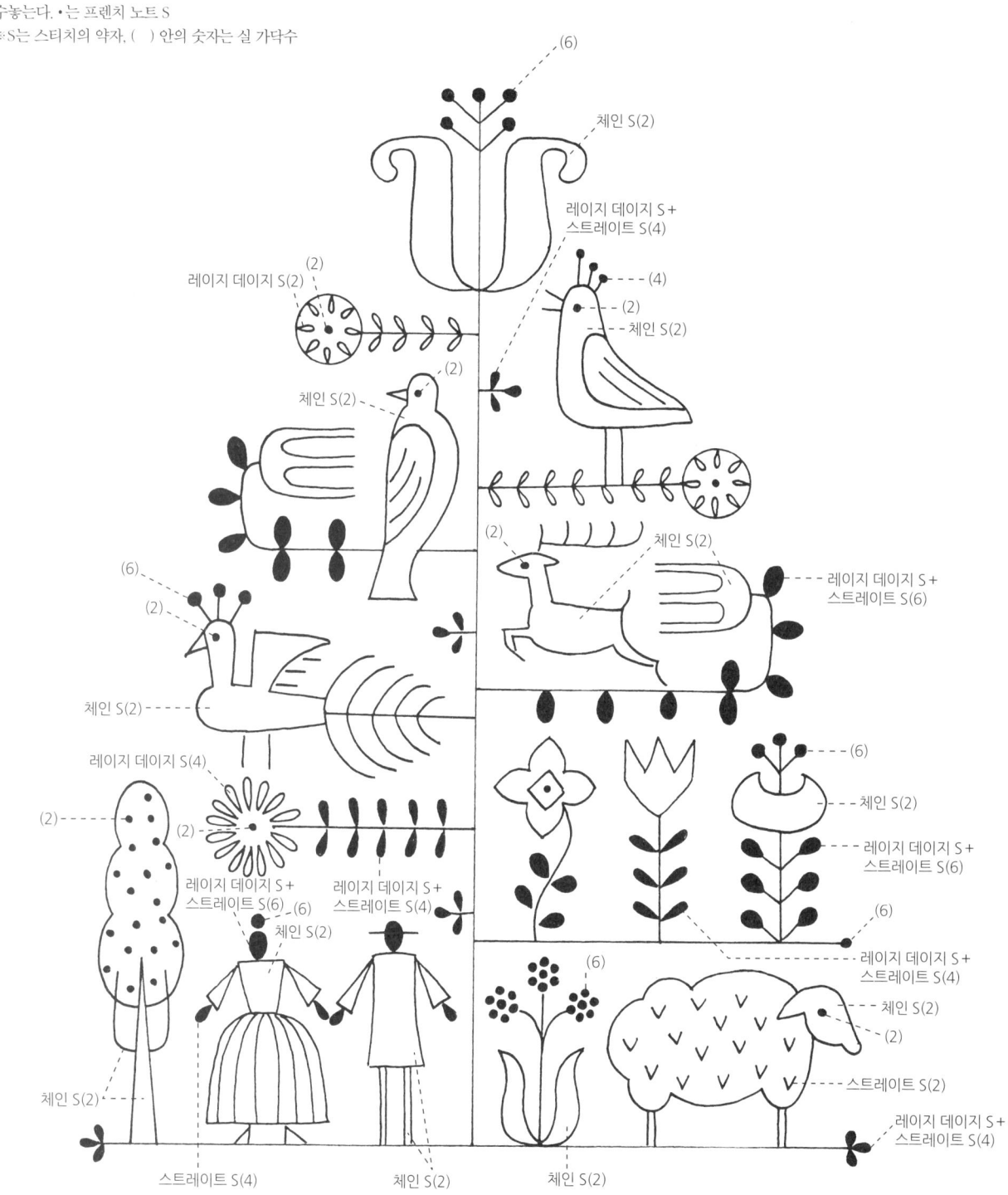

Falling star 별똥별
Page.48

숲에서 바라본 밤하늘에 빛나는 커다란 별똥별.
나무를 흰색으로 바꾸면 눈 쌓인 나무, 붉은색이면 단풍이 물드는
나무로 표현할 수 있어 다양한 계절감을 즐길 수 있다.
47페이지 손수건 자수도 똑같은 색을 사용했다.

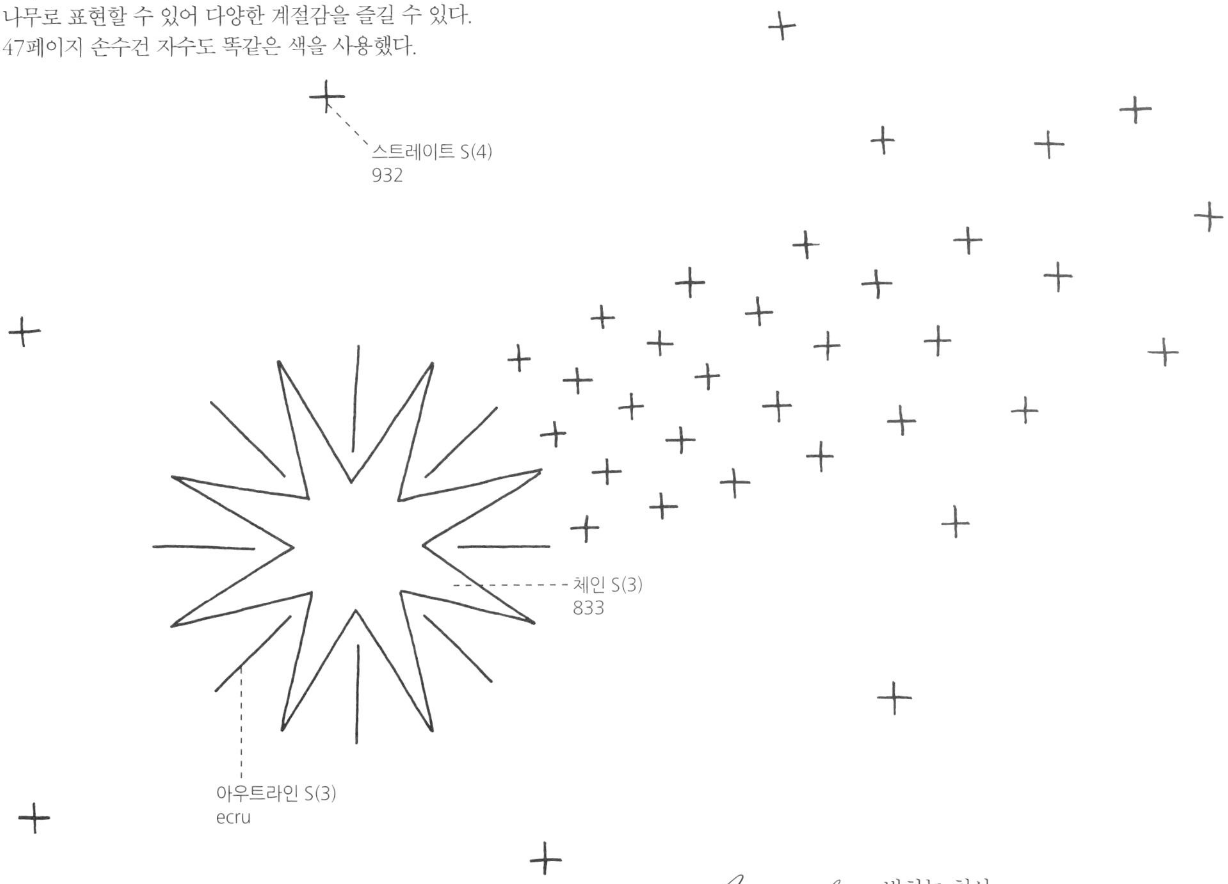

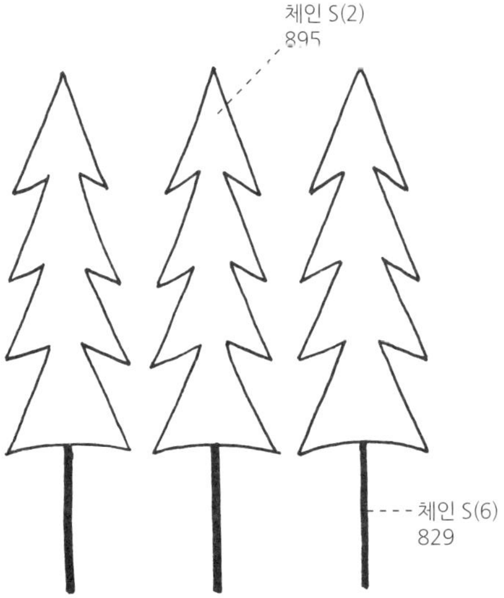

※S는 스티치의 약자, ( ) 안의 숫자는 실 가닥수,
색 번호는 모두 DMC 25번 자수실

스트레이트 S(4)
932

체인 S(3)
833

아우트라인 S(3)
ecru

체인 S(2)
895

체인 S(6)
829

Angel 밤하늘 천사
Page.46

밤하늘을 떠다니는 꼬마천사 노안. 나팔을 들고 있는 손과
머리카락은 맨 마지막에 수놓는 것이 포인트이다.

※S는 스티치의 약자, ( ) 안의 숫자는 실 가닥수,
색 번호는 모두 DMC 25번 자수실

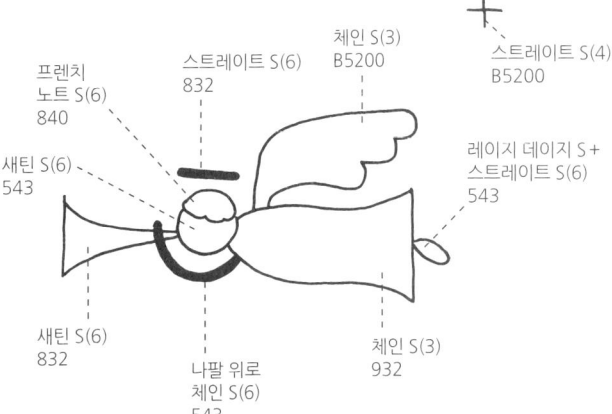

프렌치 노트 S(6) 840
스트레이트 S(6) 832
체인 S(3) B5200
스트레이트 S(4) B5200
새틴 S(6) 543
레이지 데이지 S + 스트레이트 S(6) 543
새틴 S(6) 832
나팔 위로 체인 S(6) 543
체인 S(3) 932

87

HIGUCHI YUMIKO NO SUTECCHI 12-KAGETSU
Copyright ⓒ 2015 by Yumiko HIGUCHI
First published in Japan in 2015 by EDUCATIONAL FOUNDATION BUNKA GAKUEN BUNKA PUBLISHING BUREAU, Tokyo
Korean translation rights arranged with EDUCATIONAL FOUNDATION BUNKA GAKUEN BUNKA PUBLISHING BUREAU, Tokyo
through Japan Foreign-Rights Centre/ Shinwon Agency Co.

이 책의 한국어판 저작권은 신원에이전시를 통한
EDUCATIONAL FOUNDATION BUNKA GAKUEN BUNKA PUBLISHING BUREAU와의 독점 계약으로 도서출판 이아소에 있습니다.
저작권법에 의해 한국 내에서 보호를 받는 저작물이므로 무단전재와 무단복제를 금합니다.

북디자인 Kana Tsukada(ME&MIRACO)
촬영 masaco
스타일링 Reiko Ogino
헤어 & 메이크업 KOMAKI
모델 Rachel McMaster(Sugar&Spice)
DTP WADE
교열 Masako Mukai
편집 Mariko Tsuchiya(Three Season)
　　 Tomoko Nishimori(BUNKA PUBLISHING BUREAU)
일본어판 발행인 Sunao Onuma

히구치 유미코의 자수 12개월

초판 1쇄 발행 2016년 5월 20일

지은이 히구치 유미코
옮긴이 황선영
감　수 문수연
펴낸이 명혜정
펴낸곳 도서출판 이아소
디자인 황경성

등록번호 제311-2004-00014호
등록일자 2004년 4월 22일
주소 04002 서울시 마포구 월드컵북로5나길 18 1012호
전화 (02)337-0446　**팩스** (02)337-0402

책값은 뒤표지에 있습니다.
ISBN 979-11-87113-02-7 13590

도서출판 이아소는 독자 여러분의 의견을 소중하게 생각합니다.
E-mail: iasobook@gmail.com

이 도서의 국립중앙도서관 출판예정도서목록(CIP)은 서지정보유통지원시스템 홈페이지
(http://seoji.nl.go.kr)와 국가자료공동목록시스템(http://www.nl.go.kr/kolisnet)에서
이용하실 수 있습니다. (CIP제어번호 : CIP2016009665)